Peter Filzmaier

Wie wir politisch ticken …

Öffentliche und veröffentlichte Meinung in Österreich

UEBERREUTER

ISBN 978-3-8000-7297-2

Covergestaltung: Kurt Hamtil, Verlagsbüro Wien
Coverfoto: © mc media consult GmbH

Druck: Druckerei Theiss GmbH, A-9431 St. Stefan i. L.
7 6 5 4 3 2 1

Ueberreuter im Internet: www.ueberreuter.at

Inhalt

Vorwort

Wie ticken wir politisch? Die Versuchung war groß. Als Politikwissenschaftler dazu ein Buch ohne Fußnoten zu verfassen, ist ein großer Anreiz. In Fachbüchern wird oft ein bestimmter Stil vorgegeben. Korrekt und furchtbar langweilig zugleich. Da tut es gut, einmal frisch drauflosschreiben zu dürfen. Sogar über Dinge, die man aus Gründen der Korrektheit sonst nicht erzählt. Jedenfalls nicht so. Daten aus der Politikforschung mit persönlichen Meinungen und Erfahrungen zu verknüpfen, ist beispielsweise zu Recht ein Tabu. Es ein bisschen zu brechen, macht trotzdem Spaß. Schließlich erlebt man insbesondere mit Medien allerlei.

In der Wissenschaft übrigens auch, sodass ich mich bei allen Kollegen für das Weitererzählen von Anekdoten entschuldigen muss. Die Lust darauf ist allzu menschlich. Also genügte ein wortgewandter Buchverleger, der mir geschickt Komplimente machte, und ich war überredet. Erst danach wurde mir klar, worauf ich mich eingelassen hatte.

Vor allem ist der Verlag felsenfest davon überzeugt, ich könne über das sperrige Thema Politik in einer für viele Menschen interessanten Art und Weise schreiben. Ich bin in dieser Hinsicht viel unsicherer und hoffe inständig, dass er sich nicht geirrt hat. Die Herausforderung war nämlich mindestens genauso groß. Lesbar über politische und mediale Zusammenhänge zu schreiben und trotzdem inhaltlich seriös zu bleiben, ist eine Gratwanderung. Ganz unbedarft war ich zum Glück nicht.

Mein Dank gilt daher erstens allen Freunden, die mir vorab Tipps und als Testleser kritische Rückmeldungen gaben. Namentlich und in alphabetischer Reihenfolge waren das Maria Beyrl, Peter Hajek, Cornelia Klepp, Flooh Perlot und Peter Plaikner. Für das Geschriebene und mögliche Unsinnigkeiten bin selbstverständlich ich ganz allein verantwortlich.

Zweitens bedanke ich mich bei jenen Chefredakteuren, die es riskieren, mich in ihren Blättern schreiben zu lassen. Ohne Oscar Bronner, Andreas Koller, Hubert Patterer und viele andere hätte ich mich niemals an ein solches Buchprojekt herangewagt. Die Texte aus zahlreichen Kolumnen und Kommentaren stellten zudem eine inhaltliche Basis dar.

Drittens muss ich allen Zuhörern meiner Vorträge danken, denn ich habe manches daraus übernommen. Schläfrigkeit, Aufmerksamkeit oder gar Emotionen im Publikum waren eine wichtige Auswahlhilfe. Hoffentlich hören sie mir nach dem Lesen des Buches weiterhin zu.

Wien/Krems, im Sommer 2007
Peter Filzmaier

I. Die öffentliche und die veröffentlichte Meinung

»Wenn Politikjournalisten gar nichts mehr einfällt, machen sie eine Umfrage.« So lautet ein gängiges Vorurteil seitens der Parteien. Parteisprecher sind allerdings wenig glaubwürdig, weil sie selbst den Medien gerne Umfragedaten zuspielen. Wenig überraschend werden Ergebnisse der Meinungsforschung im jeweiligen Eigeninteresse nur auszugsweise zitiert oder gar verfälscht. Trotzdem hat die Kritik am Umfragejournalismus etwas für sich.

Vor allem sind Umfragen für die mediale Berichterstattung dankbar. Man kann sie jederzeit und zu jedem Thema machen. Bevorstehende Wahlen und sonstige Anlassfälle sind hilfreich, aber nicht erforderlich. Regionale und nationale Zeitungen können spontan entscheiden, die Sonntagsfrage zu stellen, für wen wir bei einer Landtags- bzw. Nationalratswahl am nächsten Wochenende stimmen würden.

Finden diese Wahlen in Wirklichkeit erst in vier oder fünf Jahren statt, tendiert die Aussagekraft der Daten natürlich gegen null. Null Komma Null, um exakt zu sein. Genauso gut könnte man im Jahr 2007 fragen, wer 2012 den Abfahrtslauf in Kitzbühel gewinnt. Oder wie im nächsten Jahrzehnt das Wetter sein wird. Ungeachtet dessen bieten Umfragen durch ihr Balkendiagramm stets sowohl buntes Bildmaterial als auch freien Interpretationsspielraum. Artikel, Kommentare und Glossen lassen sich wunderbar schreiben.

Interviewt man zusätzlich einen Meinungsforscher oder Politikwissenschaftler, wurden alle journalistischen Genres bedient. Damit wäre auch die Randspalte gefüllt. Bild Nummer zwei inklusive. Politiker müssen nicht einmal gebeten werden, sich zu äußern, sodass ein paar Folgegeschichten mit weiteren Bildern sicher sind.

Übrigens funktionieren Interviews mit Kabarettisten oder aus einer Straßenbefragung im Prinzip gleich gut. Denn Sachkenntnis ist kein Hindernis und trotzdem nicht wirklich gefragt. Offenbar lesen viele Österreicher gerne über angebliche oder tatsächliche Umfragen über

Politik bis Sex, sonst würden Medien sie nicht machen. Unklar ist, ob eine so veröffentlichte Meinung irgendetwas mit der öffentlichen Meinung zu tun hat. Vielleicht beeinflussen Umfragen sogar ihrerseits unsere Meinungen, Einstellungen und Werte?

Für die Politikforschung ist es jedenfalls schwierig, öffentliche und veröffentlichte Meinung zu erfassen sowie zu unterscheiden. Vor allem ist das, was wir in den Medien darüber sehen, hören und lesen, bestenfalls ein Zerrbild der Wahrheit. Hinter den allgemein zugänglichen Daten aus Umfragen stehen Interessen, vom Wunsch des Fernsehens und der Zeitungen nach hohen Quoten oder Reichweiten über Einflussnahmen der politischen Eliten auf die Wahlbevölkerung bis hin zur Profilierungslust von Experten.

Oft sind es ganz banale Dinge, die für Fehldeutungen der öffentlichen Meinung verantwortlich sind. Der zeitliche und inhaltliche Druck, als Journalist Tag für Tag eine Wahlkampfgeschichte zu bringen oder als Politiker etwas sagen zu müssen, prägt ungemein. Wenn am Wahlabend um 17 Uhr alles fertig sein muss, geht das auf Kosten der Qualität. Ein ORF-Auslandskorrespondent meinte mir gegenüber gar: »10 Prozent ist Journalismus, 90 Prozent Logistik!«

Wie messe ich Meinung?

Nach einer Wahl sind die Umfragen schuld. In den Medien und für die Politik sowieso. Schlagzeilen von einer Riesenüberraschung oder gar von Blamagen der Meinungsforscher sind längst zum Regelfall geworden. Parteien, die ein mittelmäßiges bis schlechtes Ergebnis erzielen, suchen die Fehler vor dem Mikrofon noch weniger bei sich selbst.

Nach der Nationalratswahl 2006 begründete Generalsekretär Reinhold Lopatka die Verluste der ÖVP zum Teil damit, dass seine Partei in den veröffentlichten Umfragen stets vorangelegen wäre. Im Widerspruch dazu behauptete Peter Westenthaler, dass das BZÖ als 4,1-Prozent-Partei trotz schlechter Werte in den Umfragen – diese hatten 3 bis 4 Prozent vorhergesagt – einen sensationellen Erfolg erzielt hätte.

Es drängt sich die Gegenfrage auf, warum Parteien jeder Farbe im Wahlkampf hunderttausende Euro für Meinungsumfragen ausgeben. Wenn sie diese sowieso für falsch oder manipuliert halten, wäre das eine gigantische Geldverschwendung. Politiker betreiben demzufolge mit Umfragen ein Doppelspiel hinter den Kulissen und in Fernsehauftritten.

Manchmal verstehen sie einfach nicht, worum es geht. Westenthalers Generalsekretär Gerald Grosz setzte noch Monate nach der Nationalratswahl 2006 das Schimpfen auf die Meinungsforscher fort. Sein Fallbeispiel für vermeintlich unrichtige Umfragen, das ich auf einer Grazer Diskussionsveranstaltung hören musste, waren Wählerstromanalysen. Ein Blick auf die Internetseite des SORA-Instituts hätte ihn belehrt, dass diese mit einer Meinungsumfrage nichts zu tun haben. Sie beruhen auf Wahlergebnissen und einer Wahrscheinlichkeitsrechnung.

In Wahrheit haben die Medien jedoch mindestens eine Mitschuld: Veröffentlichte Umfragen sind im Grunde ein riesiger Etikettenschwindel, um die Sehnsucht nach der Kristallkugel zu befriedigen. Abhängig von der Stichprobengröße und somit der Zahlungsbereitschaft des Auftraggebers gibt es eine statistische Schwankungsbreite – der wissenschaftliche Begriff lautet Signifikanzniveau – von für Großparteien 4, 5 oder manchmal sogar über 6 Prozent.

Das berühmte Kopf-an-Kopf-Rennen ist daher sehr relativ zu verstehen. Streng genommen handelt es sich um Vorhersagen, dass SPÖ und ÖVP auf Bundesebene irgendwo zwischen rund 30 und etwa 40 Prozent landen werden. So etwas ist wertlos, selbst wenn es sich um maximale Abweichungen handelt und diese für Kleinparteien deutlich geringer sind.

Theoretisch wäre das Problem einfach zu lösen, indem Zeitungen oder das Fernsehen eine größere Stichprobe finanzieren. Das freilich widerspricht der Medienlogik. Vier Umfragen mit jeweils 500 Befragten füllen das Blatt an vier Tagen oder im Vormonat der Wahl einen Tag pro Woche. Eine Umfrage mit 2.000 Befragten ist bloß einmal verwendbar und löst auch nicht mehr Leserinteresse aus.

Hinzu kommen viele Schwierigkeiten, die nicht nur mit der Knauserigkeit von Medien als Auftraggeber zusammenhängen. Oft wären andere Methoden als eine Telefonumfrage besser, ohne dass es dafür in den Zeitungsredaktionen Verständnis gibt. Bei gleicher Fragestellung kommt es in persönlichen Gesprächen, am Telefon oder über das Internet zu den unterschiedlichsten Antworten. Von detaillierten Tiefeninterviews jenseits der medialen Schnellschüsse ganz zu schweigen.

Nicht zufällig sind gut geschulte Interviewer das Qualitätsmerkmal eines Umfrageinstituts. Studentische Hilfskräfte sind billig, doch geht die Kontrolle der Interviewsituation allzu leicht verloren. Fragen, die im Bekanntenkreis oft mit Empörung zurückgewiesen werden – etwa nach dem Wahlverhalten –, müssen so gestellt werden, als wäre es das Natürlichste der Welt, sie zu beantworten.

Oft kommt es zu Prestige- oder sozial erwünschten Antworten. Menschen sagen das, was den Interviewer ihrer Meinung nach beeindruckt oder er hören will. Das gilt sowohl für die Häufigkeit des Zähneputzens und des Sexualverkehrs als auch für das Wahlverhalten. Auf einmal hat niemand der FPÖ seine Stimme gegeben, obwohl sie ein zweistelliges Ergebnis verzeichnet.

Geht es beispielsweise um Jugendliche, sind diese am Telefon schlecht erreichbar oder als unregistrierte Handybesitzer nicht erfassbar. Oft viel sinnvoller sind daher *focus groups* als moderierte Gesprächsrunden zur Politik. Dabei werden bis zu zwölf Personen eingeladen, um nach einem genauen Leitfaden über aktuelle Themen zu diskutieren. Der Vorteil ist, dass Emotionen viel mehr berücksichtigt und neue Meinungen aufgespürt werden können. *Focus groups* gelten nicht umsonst als Frühwarnsystem.

Beispielsweise hat das Pflegethema im Sommer 2006 die ÖVP vor der Nationalratswahl auf dem falschen Fuß erwischt. Scheinbar plötzlich herrschte helle Aufregung, dass in Österreich alte und kranke Menschen nur dank illegal beschäftigter Helfer ausreichend versorgt sind. Die Hauptverantwortung wurde der Regierung und dem anfangs wenig mitfühlend reagierenden Bundeskanzler Wolfgang Schüssel zugeschrieben. Es hätte ein Warnsignal sein können, dass in *focus groups* die Frage, was Sicherheit für jemanden persönlich bedeutet, schon länger am häufigsten mit der Sorge um gesundheitliche Versorgung im Alter beantwortet wurde.

Ein anderes Beispiel: 2005 ergab eine Umfrage, dass Pensionisten am meisten Angst vor Arbeitslosigkeit hätten. Unsere Erstreaktion war ein großes Fragezeichen. An sich ist das bei nicht mehr im Erwerbsleben stehenden Menschen absurd, doch wird das Wahlverhalten nicht zuletzt von irrationalen Ängsten geprägt. Erst in tiefer gehenden *focus groups* fanden wir heraus, dass nicht etwa ein sprachliches Missverständnis schuld war, weil ältere Menschen Arbeitsplatzverlust und Pensionskürzungen gleichsetzen. Nein, ihre eigentliche Sorge war jene um die Zukunft ihrer Kinder und Enkelkinder. Eine mögliche Arbeitslosigkeit im Familienkreis wurde als große Bedrohung empfunden. Oft fällt auch beim zweiten oder dritten Ansehen des Videobandes einer *focus group* die Körpersprache der Teilnehmer auf, die zu einer Person oder einem Thema aussagekräftiger ist als jede Umfrage.

Nur für Zeitungen sind *focus groups* schrecklich. Es gibt kein in Zahlen darstellbares Ergebnis und demzufolge kein Balkendiagramm. Ja, es fehlt überhaupt das Bild, denn selbstverständlich muss ich den Teilnehmern absolute Vertraulichkeit garantieren. Sie dürfen nicht einmal um den Tisch sitzend in Fotoform abgedruckt werden. Außerdem gelten miteinander sprechende Menschen als unspektakulär. Was soll man da bloß darüber schreiben?

Daher machen Zeitungen zur öffentlichen Meinung über Politik trotz aller Unschärfen Telefonumfragen. Für Fernsehen und Radio ist eine Berichterstattung noch schwieriger. Obwohl es in den USA 2004 erste Versuche gab, selbst zusammengestellte *focus groups* live zu übertragen, orientiert man sich lieber an traditionellen Zahlenspielen.

Sehnsucht nach der Kristallkugel

Ein Problem der Politikforschung ist immer dasselbe: Rohdaten einer Umfrage ergeben das mögliche Abstimmungsverhalten von Österreichern, die lautstark kundtun, wen sie auf jeden Fall wählen. Was ist mit jemandem, der das nicht weiß oder nicht sagen will? Die Parteipräferenz dieser Leute einzuschätzen, führt zu mehr oder weniger großen Ungenauigkeiten.

Zumindest in Telefonumfragen hilft auch der Hinweis auf die Anonymität wenig. Schließlich hat der Meinungsforscher gerade unter meiner Privatnummer angerufen. Dass selbstverständlich nur eine Gesamtauswertung und nicht Einzelmeinungen von Interesse sind, beruhigt einen ängstlichen Gesprächspartner kaum. Zwar bindet das Wahlgeheimnis den Staat und nicht den Wähler, doch besteht eine große Scheu, das Stimmverhalten offenzulegen.

Vor 20 Jahren haben nur 10 Prozent der Wähler ihre Entscheidung in den beiden Schlusswochen vor der Wahl getroffen. Heute sind es mindestens doppelt so viele. Jeder zehnte Wähler bildet sich gar weniger als drei Tage vor der Stimmabgabe seine Meinung. Im Regelfall werden die letzten Umfragen jedoch ein bis zwei Wochen vor der Wahl veröffentlicht. Die Sehnsucht nach der Kristallkugel ist deshalb unerfüllbar. Die Veröffentlichung von Umfragen gehört dennoch vor allem im Magazinjournalismus zur Alltagsfolklore.

Vor der Wiener Landtagswahl 2005 kritisierte die Tageszeitung *Der Standard* energisch Umfragen, dass die SPÖ nur knapp unter 50 Prozent der Stimmen liegen würde. Dadurch sollte angeblich vertuscht werden, dass der SPÖ ein Erdrutschsieg von 55 Prozent bevorstehen könnte. Die schlechteren Daten aus der Meinungsforschung wären von den Sozialdemokraten in Auftrag gegeben und absichtlich den Medien zugespielt worden.

Beides war vermutlich richtig. Das änderte jedoch nichts daran, dass die Zahlen ebenso richtig waren. Die SPÖ erreichte am Wahltag 49,9 Prozent. Am nächsten Abend fand eine Diskussionsveranstaltung derselben Zeitung statt. Mangels anwesender Meinungsforscher fragte mich der Chefredakteur im Brustton der Überzeugung, warum sämtliche Umfragedaten gar so falsch waren.

Mein irritiertes »Wie bitte?« wurde kaum zur Kenntnis genommen. Übrigens waren auch die 55 Prozent nicht falsch; allerdings lag die SPÖ zur Zeit der Neuwahlentscheidung in diesem Bereich und kurz vor der Wahl eben nicht mehr.

Journalisten sind jedoch durchaus einsichtig. Herbert Lackner, Chefredakteur von *profil*, gestand in einer Podiumsdiskussion, kurz vor der Nationalratswahl 2002 Daten erhalten zu haben, die der ÖVP

42 und der SPÖ 36 Prozent prognostizierten. Das sollte sich später als punktgenau herausstellen. Lackners Reaktion erfolgte in dem Wissen, dass das allen anderswo veröffentlichten Daten widersprach, und sah so aus: »Das bringen wir nicht, denn da machen wir uns lächerlich!«

Die freimütige Erzählung der Geschichte vor laufenden Kameras und auf einer Klausur des SPÖ-Parlamentsklubs spricht für ihn. Lackner deutete bei derselben Veranstaltung übrigens an, einmal den Pressetext einer Partei gesehen zu haben, die aufgrund angeblicher Umfragen den Triumph ihres Spitzenkandidaten im Fernsehen bejubelte. Mit Sperrvermerk, denn eine Fernsehdiskussion hatte noch gar nicht stattgefunden. Die Umfrage auch nicht. Die Meinungsforscher waren unschuldig, ein Parteistratege hielt das für superschlau.

Meinungsforscher haben inzwischen Gegenmaßnahmen ergriffen, um die regelmäßige Umfrage-Beschimpfung nach einer Wahl zu verhindern. 2002 gaben sie Wochen vor dem Wahltag eine Pressekonferenz, um gemeinsam Möglichkeiten und Grenzen ihrer Arbeit zu erklären. Zeitungen berichteten brav in Zwei- oder Dreispaltern. Das wenig seriöse Umfragespektakel im Blätterwald war danach um nichts weniger intensiv.

2006 wurde lange Zeit ein Sieg der ÖVP vorhergesagt und von den Zeitungen fast vorgeschrieben, obwohl das keinesfalls sicher war. OGM, seitens der Donau-Universität Krems unser Partner, verfügte in der Vorwoche der Wahl über Daten, die beiden Großparteien etwa 35 Prozent gaben. Fessel/GfK und das IFES-Institut, die im Parteiauftrag arbeiteten, wiesen höchstens einen minimalen Vorsprung der ÖVP aus. Eine Prognose des Erstplatzierten war somit Glückssache, der medial für unmöglich gehaltene Sieg der SPÖ durchaus denkbar.

Also übermittelte der Leiter von OGM, Wolfgang Bachmayer, seine Zahlen zwei Tage vor dem Wahlsonntag vertraulich an *profil.* Via E-Mail, mit genauer Zeitangabe, um einen Beleg für den wirklichen Umfragestand zu haben. Ansonsten hätte man ihm unterstellt, er würde es im Nachhinein vorher gewusst haben.

Was herausgekommen ist? *Profil* brachte die Geschichte, Bachmayer verwies als Studiogast in der ORF-Wahlsendung darauf und ich zitierte sie in einer Kolumne der *Kleinen Zeitung*. Mitbekommen hat das kaum jemand. Der Grundtenor der öffentlichen Meinung war vom Glauben an falsche Umfragen geprägt. An vorderster Front waren jene Blätter, die am lautstärksten den *horse race journalism* geprägt hatten.

Sogar eine Entscheidung des von mir als Kolumnisten nachweislich geschätzten *Standard*, 2006 auf eigene Umfragen zu verzichten – und das noch lauter zu verkünden –, dürfte mehr der Sparsamkeit als dem journalistischen Ethos verpflichtet gewesen sein. Warum gab es ansonsten wöchentlich eine bunte Grafik mit allen Umfragen der Konkurrenzblätter plus Kommentar im Stil der Sportberichterstattung?

Das Pferderennen

Wir werden täglich mit einem *horse race journalism* konfrontiert. Es gibt eine sportive Berichterstattung, welche Partei im Wahlkampf aufholt oder zurückfällt. Die Bezeichnung stammt aus den USA. Der Vergleich mit dem Reporter eines Pferderennens, der mit sich überschlagender Stimme berichtet, hat etwas für sich: »Die ÖVP liegt zwei Längen vor der SPÖ, die FPÖ hat die Grünen im Kampf um den dritten Platz überholt, das BZÖ scheint abgeschlagen, die SPÖ kommt gegenüber der ÖVP auf, die Grünen kämpfen Seite an Seite mit der FPÖ, das BZÖ schiebt sich heran, vielleicht haben die ÖVP und die SPÖ ihre Nasenspitze in Führung, der dritte Platz wechselt ständig und es kann nur einen Dritten geben, das BZÖ könnte es ins Ziel schaffen oder nicht schaffen, jetzt sind sie vorne und hinten alle Kopf an Kopf.«

Das Ganze passiert grammatikalisch und inhaltlich im regelfreien Raum sowie oft jenseits der Hysteriegrenze. Ein Dauerredeschwall ohne Punkt und Nachdenkpause. Wenn wir ehrlich sind, entspricht das der Erwartungshaltung des Publikums. Die Medien würden aufhören, wenn niemand solche Wahlkampfrennen sehen, hören oder lesen wollte. Geradezu paradox ist, wenn Leute in Internetforen mit durchaus berechtigten Argumenten die Qualität einer Umfrage kritisieren, um im nächsten Satz selbst ein viel wilderes Schätzspiel zu starten.

Im Vergleich zu Beiträgen über Sachpolitik machen in Online-Diskussionsforen Kommentare zu Meinungsumfragen oft das Zehnfache aus. Ein erheblicher Teil der Wortmeldungen stammt von mehr oder weniger organisierten Parteiaktivisten, um ihrerseits das Stimmungsbild der Öffentlichkeit zu beeinflussen.

Bereits vor der Nationalratswahl 2002 waren etwa drei Viertel der Politikberichte im Fernsehen und etwa zwei Drittel der Zeitungsartikel dem politischen Wettbewerb an sich gewidmet. Nur der kleine Rest beschäftigte sich mit politischen Inhalten. Im Jahr 2006 wurden allein in bundesweit erscheinenden Zeitungen – das heißt, die auflagenstarken Regionalzeitungen sind da gar nicht eingerechnet – nicht weniger als 73 Meinungsumfragen zum möglichen Wahlergebnis veröffentlicht.

Führend waren die Wochenzeitschriften *News* und *profil* mit 21 bzw. 18 Umfragen im Jahr sowie die Tageszeitung *Österreich* mit sieben Umfragen in nur vier Monaten. Die Artikel neben den hübschen Balkendiagrammen sind im Umfragejournalismus manchmal keinerlei inhaltlicher Seriosität verpflichtet. Es schaut ohnedies jeder nur auf die Grafik.

So berichtete *News* am 14. September 2006 über eine gleich gebliebene Differenz zwischen ÖVP und SPÖ von 2 Prozentpunkten mit den Worten: »Der Abstand der SPÖ zur ÖVP ist auf 2 Prozent geschrumpft. Kanzler Schüssel spürt den Atem des Verfolgers im Nacken.« Eine Woche später beschrieb man den sich natürlich innerhalb der Schwankungsbreite befindlichen Rückfall der ÖVP um einen Prozentpunkt: »Die ÖVP legt wieder kräftig zu!«

Nach der Wahl wurde medial wiederholt von falschen Prognosen gesprochen, um kurz darauf die nächste Umfrage zu veröffentlichen. Dabei ist bereits eine Stimmungslage entstanden, dass Medienmacher und Mediennutzer eine selektive Wahrnehmung haben. Aus ihrer persönlichen Sicht werden Umfragen als falsch empfunden, selbst wenn sie richtig waren.

Ein befreundeter Meinungsforscher erzählte mir, wie seinem Ex-Chef nach einer fast punktgenauen Prognose vorgehalten wurde: »Diesmal seid ihr aber wieder ordentlich danebengelegen!« Der doppelte Clou: Die Prognose hatte sich in Wirklichkeit als fast punktgenau erwiesen und der Vorwurf kam von seiner Frau.

Genauso psychologisch erklärbar war die große Überraschung über den SPÖ-Sieg in der Nationalratswahl 2006. Insbesondere die Fachöffentlichkeit hatte gewusst, dass der Vorsprung der ÖVP in den Rohdaten im Juni bis zu 8 Prozentpunkte betragen hatte. Zwar wusste jeder, dass in vier Monaten viel passieren kann, doch war das Bild einer Niederlage der SPÖ in den Köpfen verfestigt. Nach den Milliardenverlusten der Gewerkschaftsbank BAWAG sowie der folgenden Krise des ÖGB mit einem im Luxus-Penthouse wohnenden Präsidenten brauchte es keine Beeinflussung der Medien, dass sich kaum jemand das Gegenteil vorstellen konnte und wollte.

Umfragen als Manipulation?

In einer Demokratie soll öffentliche Meinung veröffentlicht werden. Ganz klar, alles andere wäre undemokratisch. Oder doch nicht? In EU-ropa gibt es dafür sehr unterschiedliche Regelungen. Von in allen Zeitungen lesbaren Umfragen am Tag vor der Wahl bis zum Veröffentlichungsverbot einen Monat davor in Luxemburg.

In Österreich bestand lange Zeit ein stillschweigendes Übereinkommen der Medien, in den letzten zwei Wochen vor einer Wahl keine Prognosen mehr zu veröffentlichen. Das ist Geschichte. Nur der Samstag vor dem Wahlsonntag ist noch umfragefrei. 2001 hatte sich eine Tagung im Parlament mit der Frage von Vorschriften für veröffentlichte Umfragen beschäftigt, doch mittlerweile wurde eingesehen, dass sämtliche Verbote an Realitätsverweigerung grenzen.

Im Zeitalter neuer Medien hat sich das Dilemma verschärft. Selbst wenn das Fernsehen und die Zeitungen sich an ein Gesetz oder ein ungeschriebenes Übereinkommen halten, über keine Umfragen zu berichten – was passiert, wenn solche im Internet auftauchen? Geschieht das auf internationalen Seiten, bestehen keine rechtlichen Möglichkeiten dagegen.

Mehr Sinn würde es machen, Qualitätskriterien für veröffentlichte

Umfragen vorzuschreiben, um eine missbräuchliche Darstellung zu erschweren. Sieben oder acht Zusatzinformationen würden genügen. Das beginnt mit der Stichprobengröße und der vollständigen Schwankungsbreite, die für SPÖ und ÖVP 4 bis 5 und beim BZÖ etwa plus oder minus 1 Prozent beträgt. Wird das nicht dazugesagt, entsteht der Eindruck, als könnte das BZÖ bei ihm vorhergesagten 4 Prozent und einer maximalen Schwankungsbreite von 5 mit weniger als null Stimmen im negativen Bereich landen. Was zu dümmlichen Witzen über Meinungsforscher führt.

Gleichermaßen interessant ist die Auswahl der Stichprobe nach dem Zufallsverfahren oder nach Quoten, das heißt als gezielte Suche nach Personen eines bestimmten Alters, Geschlecht, Berufs usw. Die Bedeutung der Interviewmethode wurde schon weiter oben erwähnt. Zeitungen sollten auch den Befragungszeitraum dazuschreiben. Im Juni 2006 berichtete *Die Presse* über zwei Umfragen des IMAS-Instituts mit überraschenden Veränderungen innerhalb einer Woche. Des Pudels Kern und Rätsels Lösung war, dass in Wirklichkeit ein Monat zwischen der Durchführung der Umfragen lag.

Grundbedingung wäre weiters ein Abdruck der genauen Fragestellung. Günther Ogris von SORA bringt in Vorträgen meistens folgende Beispiele: Die Formulierung, ob es in Österreich ein Ausländerproblem gebe, wäre unwissenschaftlicher Schrott. Das könnten Rassisten bejahen und gleichermaßen Menschen, die den Rassismus für das Problem halten. Fachchinesisch ist ebenfalls ungeeignet. Die Frage, ob die BAWAG einen IMAGO-Verlust erlitten hat, verstehen 0,001 Prozent der Bevölkerung; sie führt also zu keinen verwertbaren Ergebnissen.

Forsche ich nach dem Vertrauen in politische Parteien, macht es einen großen Unterschied, allgemein oder getrennt nach SPÖ, ÖVP, Grüne, FPÖ und BZÖ zu fragen. Im zweiten Fall erhalte ich im Durchschnitt deutlich bessere Werte. Angegeben werden sollten schließlich Daten der Rohdaten und der Prognose sowie der Nicht-Deklarierten und selbstverständlich Auftraggeber und durchführendes Institut.

Was wäre, wenn es keine veröffentlichten Umfragen gibt? Selbstverständlich würden Politiker und Parteien ihre Chance nutzen, Umfrageergebnisse oder entsprechende Gerüchte zu platzieren. Im

Tiroler Landtagswahlkampf 2003 sprach Franz Reiter als führender SPÖ-Kandidat von Umfragen, denen zufolge die ÖVP 55 Prozent der Stimmen erreichen würde. Die Botschaft des Interviews in der *Tiroler Tageszeitung* war sogar einfältigen Lesern klar: Es hat für die SPÖ zu stimmen, wer eine Allmacht für Landeshauptmann Herwig van Staa verhindern will.

Dieser bekam von Nationalratspräsident Andreas Khol wenige Tage später in derselben Zeitung Schützenhilfe. Der Tiroler Khol berichtete von Umfragen, denen zufolge seine Partei um 50 Prozent liege. Den Nebensatz, dass jeder schwarze Funktionär und Sympathisant bis zur Erschöpfung für die absolute Mehrheit kämpfen müsse, brauchte er nicht aussprechen.

Zum jeweiligen Interviewzeitpunkt lag die datenmäßige Wahrheit in der Mitte. Offenbar wollten die Politiker ihr Zielpublikum mit nicht überprüfbaren Umfragen mobilisieren. Niemand wusste, ob beide eine kreative Berechnung der Schwankungsbreite vorgenommen hatten. Oder ob es die zitierten Umfragen überhaupt gab.

Unklar ist, ob Umfragen ein Wahlergebnis beeinflussen. Nach den Nationalratswahlen 2002 erklärten 85 Prozent, von Umfrageergebnissen gehört zu haben. Doch 92 Prozent behaupteten, diese hätten niemals für ihre Wahlentscheidung eine Rolle gespielt. Es ist freilich paradox, dass man eine mögliche Wirkung von Umfragen mit Umfragen erforscht. Da Gehirnwäschen nicht zulässig sind, bleibt uns aber nichts anderes übrig.

Wenn den Umfragen kein Glauben geschenkt wird, verwundert es trotzdem, ihnen plötzlich für die Messung der Umfragewirkung zu vertrauen. Im konkreten Fall kann das Problem von Prestigeantworten vermutet werden. Die ÖVP feierte 2002 einen überraschend klaren Wahlsieg. Meinungsforscher wurden für ihre als falsch empfundenen Prognosen angegriffen. Niemand wollte zugeben, ebenfalls falsch gelegen zu haben.

Politikwissenschaftler kamen in Sippenhaft. Mein Kollege Fritz Plasser wurde in der »Zeit im Bild 2« nach der Wahl mit seinen Aussagen vor der Wahl zitiert. Er hatte diplomatisch von einem relativ knappen Ergebnis gesprochen. Hätte Plasser einen von ihm vermuteten Wahlsieger verkünden sollen? Zu seinem Pech schloss er große Abweichungen von den Umfragen aus, ohne Knappheit und Abweichung näher zu definieren und klarzustellen, auf welche Daten er sich bezog.

Das bot dem ORF Anknüpfungspunkte für eine nicht sehr faire Kritik. Wird sogar ein Wissenschaftler im Fernsehen lächerlich gemacht, will sich kaum noch ein Wähler deklarieren, dass ausgerechnet er zu jenen vermeintlichen Idioten zählte, die sich beeinflussen ließen. Kein Politikexperte von der Universität wird sich zudem jemals in den Medien hinsichtlich des voraussichtlichen Wahlergebnisses festlegen. Ich könnte neunmal richtig liegen und ein einziges Mal falsch, alle würden sich ausschließlich an die Fehlprognose erinnern.

Dabei ist nicht bewiesen, ob es im Zusammenhang mit Wahlen durch Umfragen einen *bandwaggon*-Effekt – das Aufspringen auf den Zug des vermuteten Siegers – gibt. Wenn ja, kommt es zugleich zum Fallbeil-Effekt: Eine Partei, die ohnehin verliert und kaum im Nationalrat oder Landtag sein wird, bekommt weniger Stimmen, da diese aufgrund von Mindestprozentklauseln keine Mandate bringen und als verloren gelten.

Die Folge ist ein Wahlverhalten für Großparteien als Zweitpräferenz ohne Berücksichtigung der kleinen Lieblingspartei. Kommt diese ohnedies nicht ins Parlament, ist es mir wichtiger, wer Kanzlerpartei wird. Ebenfalls denkbar ist jedoch eine Mobilisierung für eine scheinbar aussichtslos zurückliegende Partei als *underdog* durch Solidaritäts- und sogar Mitleidseffekte. Oder es bewirken gute Umfragewerte ein taktisches Wahlverhalten, um eine bestimmte Partei als Sieger zu verhindern.

Erwartungsspiele

Von Bedeutung sind vor der Wahl veröffentlichte Umfragen außerdem im Erwartungsspiel, weil Erfolg und Misserfolg nach dem Wahltag in den Medien bedingt mathematisch im Vergleich zum letzten Wahlergebnis und großteils in Relation zu den Prognosen und darauf aufbauenden Wahlzielen der Parteien gemessen werden. Das ist richtig, denn gibt es mehr oder andere Parteien, so würde der pure Vierjahresvergleich wenig Sinn machen.

Politiker geraten dadurch in die Situation, einen Gewinn in Prozenten und Mandaten als relative Niederlage erklären zu müssen. Es ist eine Binsenweisheit der politischen Kommunikation, dass eigene Aussichten in Medien nicht idealisiert werden sollten, weil auf überhöhte Erwartungshaltungen zwangsläufig eine Enttäuschung folgt. Wahlziele werden daher defensiv und allgemein formuliert: »Wir wollen dazugewinnen!«

In Tirol wollte sich 2003 Landeshauptmann Herwig van Staa mit der ÖVP am niederösterreichischen 53-Prozent-Ergebnis seines Amtskollegen Erwin Pröll messen. Prompt schleppte er lange Zeit die Frage mit, warum mit 49,9 Prozent nur die absolute Mehrheit zurückgewonnen wurde.

Ähnliches passierte auf dem Parteitag der SPÖ im Oktober 2004. Alfred Gusenbauer erhielt für seine Wiederwahl als Parteichef knapp 89 Prozent der Stimmen. Er verfehlte sein Ergebnis aus dem Jahr 2000 mit 99,4 Prozent. Zum logischen Rückfall – 100 Prozent waren genauso absurd wie ein zweiter Wahlgang – kam die symbolische Unterschreitung der 90-Prozent-Grenze. Es war der SPÖ nicht gelungen, den Ball flach zu halten. Da der alte und neue Parteichef selbst sagte, dass er immer 100 Prozent wolle, wurde er in den Medien daran gemessen und von einem Dämpfer seines Selbstbewusstseins berichtet. Dass sich in der SPÖ zusätzlich Unkenrufer und Zweifler finden würden, war zu erwarten.

Umgekehrt gelang es der SPÖ im Wiener Landtagswahlkampf 2005 trotz zwischenzeitlicher Umfragedaten von klar über 50 Prozent stets bloß von der – wahlarithmetisch ab 46 Prozent realistischen – absoluten Mehrheit als Ziel zu sprechen.

Viel wichtiger ist eine Binnenwirkung von Umfragen. Positive Daten motivieren Parteiaktivisten und -funktionäre. Sie erhöhen Loyalität und Deklarationsbereitschaft von politischen Meinungsführern. Zugleich fördern sie eine finanzielle oder organisatorische Unterstützung durch Interessengruppen und steigern Quantität und Qualität der Präsenz in den Medien.

Überall, wo ein starker Einbruch der Wahlbeteiligung festzustellen ist, gibt es sichere Sieger. In Vorarlberg betrug die Beteiligung an den Landtagswahlen 1999 mehr als 87 Prozent und 2004 knapp über 60 Prozent. In Tirol waren es 1999 über 80 Prozent und 2003 bloß 60 Prozent. In beiden Fällen stand der erste Platz für die ÖVP außer Streit. Zumindest in Mandaten war auch jeweils eine absolute Mehrheit sehr wahrscheinlich.

Ähnliches gilt für Wien mit einer überlegenen SPÖ, sodass sich zuletzt 2005 ebenfalls nur 60 Prozent an der Landtags- und Gemeinderatswahlen beteiligten. Es gibt viele Gründe für eine rückläufige Wahlbeteiligung, doch vermitteln Umfragen ein Bild, ob und wie wichtig meine Stimme ist. Auch Mobilisierungskräfte der Parteien werden dadurch bestimmt.

Sich seitens der Politik nach den Wahlen über die Meinungsforscher zu mokieren, ist verständlich und unsinnig zugleich. Umfragen liefern Prognosen und sind keine Vorbestimmung der Zukunft. Entscheidend ist daher, dass unabhängige Medien Meinungsumfragen in seriöser Form darstellen. Die Bewertung von Fernsehdiskussionen als Fußballresultat, geschehen im Nationalratswahlkampf 2002, gehört nicht dazu. Macht das irgendjemand, ist es nach Fessel-GfK-Geschäftsführer Rudolf Brettschneider eine Umfrage mit der kleinstmöglichen Stichprobe – »Ich mit mir selbst!« – und einer Schwankungsbreite von 100 Prozent.

Der Schwindel am Wahltag

Am Wahltag wird in den Medien oft von *exit polls* gesprochen. Das würde eine Befragung von Wählern beim Verlassen der Wahllokale bedeuten, für wen sie warum gestimmt haben. Im Unterschied zu den USA oder Italien haben in Österreich niemals von Medien beauftragte *exit polls* stattgefunden. Einfacher Grund sind die Kosten. Natürlich ist es im GPRS-Zeitalter machbar, Interviewer mit Computer in ganz Österreich zu den Wahllokalen zu schicken und ihre Daten eingeben zu lassen. Bezahlen aber tut das keiner. Statt *exit polls* werden Telefonumfragen gemacht. Diese sind viel ungenauer. Antwortverweigerer und Falschantworten gibt es immer, doch wer aus dem Wahllokal kommt, ist wenigstens sicher kein Nichtwähler. Die Zahl der Spaziergänger, die bloß zufällig eine Toilette suchten, ist vernachlässigbar. Wer angerufen wird, muss gefragt werden, ob er schon wählen war oder das noch tun wird. Das bejahen viele im Brustton der Überzeugung, obwohl die reale Wahlbeteiligung geringer ist.

Fairerweise muss man sagen, dass der ORF nach konsequenter Überzeugungsarbeit seit einiger Zeit ausschließlich von Wahltagsbefragungen spricht. Nicht alle Journalisten sind so korrekt. Schuld an der Umfragemisere haben daher auch Medien, die für einen sportiven Journalismus alle methodischen Warnungen der Meinungsforscher mit schöner Regelmäßigkeit abtun.

Ganz frei von Schuld ist kein Bürger, welcher der Magie der großen Zahl vertraut. Wenn wir ehrlich sind, entspricht das Zahlenspiel den Erwartungen einer dramaturgischen Berichterstattung am Wahlabend. Theoretisch könnte ja ein Fernsehsender ausscheren, um am Wahltag – und davor – auf eine Veröffentlichung von Umfragedaten zu verzichten. Das würde einer systematischen Vertreibung von Zuschauern gleichkommen. Hätten diejenigen von uns, die sich am heftigsten empören, ein Programm geschaut, das – siehe dazu auch das Schlusskapitel – bis zur ersten Hochrechnung neutrale Beiträge über geschlossene Wahllokale ausstrahlt?

Nicht nur der angesprochene Gerald Grosz vom BZÖ wirft Umfragen, Hochrechnungen und Wählerstromanalysen in einen Topf. Fernsehzuseher sind keinesfalls desinteressiert, doch wollen sie selten über die methodischen Unterschiede aufgeklärt werden. Sogar die Formeln für Hochrechnungen und Wählerstromanalysen sind jederzeit im Internet abrufbar. Alternative Berechnungsmodelle inklusive. In der Sekundenpolitik des Fernsehens ist deren Darstellung unmöglich. Doch irgendwie fühlen wir uns alle gestört, wenn die bunten Grafiken durch lästige Zusatzerklärungen unterbrochen werden.

Warum viele Zeitungsumfragen Schrott sind

Abschließend ist festzuhalten, dass Parteien für strategische Planungen zu Recht viel nach den Umfragen gehen, während Medien bloß an wilden Spekulationen über das Ergebnis in zwei Wochen, zwei Monaten oder zwei Jahren interessiert sind. Die Sonntagsfrage nach dem voraussichtlichen Wahlverhalten ist für eine Partei nahezu wertlos. Man kann bestenfalls bei großen Veränderungen vermuten, vieles richtig oder fast alles falsch gemacht zu haben. Warum das so war, bleibt unklar.

Vor allem sind Schlussfolgerungen für zukünftige Kampagnen nahezu unmöglich. Wichtiger sind daher Fragen nach der wirtschaftlichen oder sozialen Zufriedenheit der Wähler, nach ihrer Konfliktbereitschaft und dem Harmoniebedürfnis sowie nach den Orientierungen an Vergangenheit oder Zukunft. Darauf lässt sich aufbauen. Je nachdem kann ein Wahlkampf von sehr ruhig bis extrem aggressiv geführt werden und den Stolz auf bisherige Leistungen oder Kritik am Bestehenden in den Mittelpunkt stellen. Für Medien ist das zu umständlich.

Eine gute Parteistudie und Forschungsprojekte enthalten bis zu 200 Fragen, eine Zeitungsumfrage allerhöchstens zehn. In der Sendung »Report« des ORF sind drei bis fünf Fragen der Regelfall. Oben erwähnt wurde, dass Parteien oft mit einer Stichprobe von 2.000 Befragten arbeiten und Medien mit 500. Das bedeutet immerhin eine größtmögliche Schwankungsbreite von 2,2 anstatt 4,4 Prozent. Mit der Einschränkung, dass da wie dort oft aus mehreren Umfragen zusammengefasste Daten zur Anwendung kommen.

Schummeln die Meinungsforscher oder ihre medialen Auftraggeber bei der Ausschöpfungsrate, sind die Abweichungen noch größer. In Einzelfällen werden Kontaktpersonen und nicht abgeschlossene Interviews ausgewiesen. 500 Antwortende bedeuten knapp über 300 bis zum Ende durchgeführte Befragungen. Da sinkt der Genauigkeitsfaktor schon auf plus oder minus 5,5 Prozent.

Ganz schlimm wird es, wenn trotzdem Teilergebnisse nach Alter, Geschlecht oder regionaler Herkunft veröffentlicht werden. Die Zeitung *Österreich* tat das im Nationalratswahlkampf 2006 mit Begeisterung. In Vorarlberg und im Burgenland leben jeweils 3 bis 4 Prozent der wahlberechtigten Bevölkerung. Bei einer disproportionalen Stichprobe von 500 Befragten befinden sich demzufolge je 15 bis 20 Vorarlberger und Burgenländer darunter. Unentschlossene und Antwortverweigerer sind abzuziehen. Der Rest nennt für das voraussichtliche Wahlverhalten fünf unterschiedliche Parteien. Eine ehrliche Wiedergabe der Antworten und Dateninterpretation müsste so lauten: »Der eine, den wir am Telefon erwischt haben, sagt das.« Uns sagen solche Zahlen nichts.

Auf jeden Fall ist der mediale Zeitdruck ungleich größer. Umfrageergebnisse, die in der ORF-Sendung »Report« nicht am Dienstag zwischen 21 und 22 Uhr gesendet werden, sind zum Wegwerfen. Gibt es daher nach den Telefoninterviews am Montag Unklarheiten, ist für Nachfragen wenig Spielraum. Auch Zeitungen müssen am Tag X den fix vorgesehenen Platz für Grafik und Text füllen. Da bleibt keine Zeit zu überprüfen, ob junge und mobile Wähler zu wenig erreichbar waren oder ältere Menschen den Kontakt verweigerten. An Randgruppen wie Moslems und sprachliche Minderheiten kommt man sowieso kaum heran. Zumindest in der Langzeitplanung bestehen Parteien daher auf Daten- und Stichprobenkontrollen. Den Medien genügt vollkommen, wer und wie oft. Ob es stimmt oder nicht.

Keine Partei und kein Wissenschaftler würde sich in der Auswertung seiner Daten auf reine Häufigkeiten beschränken. Komplexe Analysen brauchen jedoch Zeit. Hinzu kommt, dass Journalisten alles besser wissen. Das ist nicht böse gemeint. Es ist ein wichtiger Teil des beruflichen Selbstverständnisses und eine unabdingbare Schreibhilfe für Kommentare, sich als gedanklicher Fußballtrainer, Wirtschaftsguru, Spitzenpolitiker oder Meinungsforscher besonders wohl zu fühlen. Die Folge sind Hobbydeutungen der übermittelten Umfragen. Kurzerklärung und Tabellenband werden dafür im Stressfall überflogen. Kein Parteistratege könnte es sich leisten, Erklärungen im luftleeren Raum mit derart energischer Sicherheit zu liefern. Medien dürfen das. Sie richten Politikern und Parteien aus, wie sie eigentlich sein sollten.

Welche Politiker wollen wir?

Was ein Politiker können soll und muss, wie er in den Medien auftreten soll, ist eine schwierige Sache. Das Anforderungsprofil von Politikern ist kaum fassbar. Die Kunst, es allen recht zu tun, wird durch den Unterschied der objektiven und subjektiven Qualifikation für politische Ämter erschwert. Verfassungsrechtler, Politikwissenschaftler und Soziologen könnten in Studien analysieren, welche Kompetenzen und Charakterstärken ein idealtypischer Bundespräsident, Bundeskanzler, Landeshauptmann oder Bürgermeister objektiv haben sollte.

Im Wahlzusammenhang ist das egal und bestenfalls Teil der veröffentlichten Meinung. Entscheidend ist die subjektive Erwartungshaltung auf dem Wählermarkt. Die öffentliche Meinung bestimmt: »So muss ein Bundeskanzler sein!« Oder ein Landeshauptmann. Oder der Bürgermeister. Oder unser Bundespräsident. Wobei in jedem Fall andere Qualifikationen erwartet werden. Heinz Fischers Auftreten als würdiger Staatsnotar mit dem im Unterschied zu Thomas Klestil richtigen Schuss Lockerheit für mehr Volksnähe passt perfekt. Als hemdsärmeliger Dorfkaiser wäre er eine Fehlbesetzung.

Die Erwartungen der Bevölkerung mögen unvernünftig und primär von früheren Amtsinhabern geprägt sein, bestimmen aber die Kandidaten- und Parteienpräferenz. So war beispielsweise Alois Partl als Tiroler Landeshauptmann im politischen Wettbewerb zum Scheitern verurteilt, weil er einem sorgfältigen Beamten glich und dem Klischee seines jahrzehntelangen Vorgängers Eduard Wallnöfer als kerniger und polternder Tiroler nicht entsprach. Herwig van Staa entspricht diesem Bild viel besser. Nicht weil er Wallnöfers Schwiegersohn ist, sondern durch seine polternde Art. Dazwischen lag Wendelin Weingartner, den man im persönlichen Gespräch für einen feinsinnigen Intellektuellen halten konnte. Auffallend war seine leise Stimme. Vor den Kameras legte er das schnell ab. Er verwandelte sich in eine Neuauflage von Andreas Hofer, wenn es gegen Wien ging. In der Lautstärke und Wortwahl nicht vergleichbar mit Wallnöfer, doch immerhin.

Parteien haben vor einem Wahlkampf zwei Möglichkeiten. Sie können in ihren jeweiligen Reihen Kandidaten suchen, die dem subjektiven Anforderungsprofil der Bevölkerung entsprechen, oder sie können – alternativ dazu – die öffentliche und veröffentlichte Meinung verändern. Das ist durchaus möglich, man benötigt höchstens mehr Zeit.

Wo steht geschrieben, dass ein Politiker vom Typ des Wiener Bürgermeisters Michael Häupl nicht als Bundespräsident gewählt würde? In ein oder zwei Jahren kann eine geschickte Kampagne das Bild vom Präsidenten als Staatsnotar durchaus in die Vorstellung des jovialen Volkspräsidenten verwandeln.

II. Politik und Medien: von der Inszenierung bis zur Schlammschlacht

In meinem Lieblingsfilm *Wag the Dog – Wenn der Schwanz mit dem Hund wedelt* scheint die Wiederwahl des US-Präsidenten sicher. In allen Umfragen führt der Amtsinhaber mit 20 Prozentpunkten Vorsprung. Dann bekommt er ein Problem. Eine Klasse besucht ihn und mit der hübschesten Schülerin führt er in seinem Büro ein allzu intensives Zweiergespräch. Das Abenteuer wird ruchbar und seine präsidentielle Hinrichtung in den Medien steht bevor. Die verzweifelte Pressesprecherin des Präsidenten Anne Heche engagiert Robert de Niro als Spin-Doktor. Dessen Aufgabe ist es, die Sexaffäre mit allen zur Verfügung stehenden Tricks bis zum Wahltag aus den Medien zu halten. De Niro fällt nichts Geringeres ein, als frei erfunden Krieg zu führen. Wenn schon, denn schon. Es ist ja leicht, sich kriegerisch zu inszenieren, weil das Fernsehen auf alles anspringt.

Ruckzuck ist das Gerücht von der geheimen Entwicklung des B3-Bombers gestreut. Um es nachher lautstark zu dementieren. Heche ist verwirrt, schließlich gibt es wirklich keinen B3-Bomber. Deshalb lässt de Niro den Präsidenten ja auch alles möglichst geräuschvoll abstreiten. Für die Mediengeschichte zur besten Sendezeit macht das null Unterschied. Neben dem Bombenprogramm findet das schulische Geplänkel in den Nachrichten keinen Platz mehr.

Am Tag darauf beginnen die Kampfhandlungen. Das Drehbuch schreibt Filmproduzent Dustin Hoffman und ein wirklich unschuldiges Mädchen steht im Studio bereit. Sie hat – mit verzweifeltem Gesichtsausdruck und einem elektronisch zur Kraterlandschaft gewordenen Dorf im Hintergrund – vor imaginären Terroristen zu flüchten. Mit einem mittels Computer verfälschten Kätzchen im Arm, das in Wahrheit eine Tüte Kartoffelchips ist. Geschützdonner aus der Retorte und Hilfeschreie sind inklusive. Es folgt ein patriotisches Lied als Hitparadenstürmer. Country-Star Willie Nelson singt. Später kommt ein rührseliges Soldatenschicksal dazu.

Woody Harrelson in der entsprechenden Rolle ist ein gemeingefährlicher Irrer. Doch lästige Details interessieren das Fernsehen nicht. Fiktiver Kriegsgegner ist Albanien. Warum Albanien, erkundigt sich Heche, was hat das Land den Amerikanern getan? De Niro kontert locker, dass die Albaner auch nichts für die Weltmacht USA tun.

Irgendwann fragen wir uns als Zuseher, ob das Ganze ein Spiel- und nicht doch ein Dokumentarfilm ist. *Wag the Dog* kam kurz vor dem Auftauchen der ersten Meldungen der Beziehung von Bill Clinton mit Monica Lewinsky in die Kinos. Clinton behauptete mit erhobenem Zeigefinger in alle Fernsehkameras, da wäre nichts gewesen: »Ich hatte nie eine sexuelle Beziehung mit dieser Frau!« Das war ein sehr kreatives Verständnis dessen, was Sex ist. Zugleich handelte es sich um eine lockere Interpretation von ehelicher Treue.

Doch als sich derselbe Clinton wenig später reumutig gab, flogen ihm alle Herzen zu. Er schaffte es, augenzwinkernd seine moralische Verfehlung einzugestehen und gleichzeitig jeden versteckt zu fragen, ob man nicht selbst gerne hätte und würde. Damit war fast jeder Mann sowieso auf seiner Seite. Doch auch viele Frauen kauften ihm sein Lächeln ab. Zwischen Verleugnung und Einsicht lag eine klitzekleine Kleinigkeit, nämlich Bombardements der USA in Ex-Jugoslawien. Allerdings nicht mit erfundenen B3-Bombern.

Der Filmtitel *Wag the Dog* meint, dass der Schwanz mit dem Hund wedelt. Nicht Medien berichten über Politik, sondern diese gibt Nachrichteninhalte vor. Sind das Fernsehen und die Weltöffentlichkeit so einfach zu täuschen? Ich habe einmal geglaubt, Osama Bin Laden wäre eine pure Erfindung. Für die Bush-Regierung zu schön, um echt zu sein. Natürlich bereute ich diesen Glauben nach den Terroranschlägen des 11. September 2001. Aber nach dem Ende des Kalten Krieges ist den USA mit der UdSSR als dem Reich des Bösen das Feindbild verloren gegangen. Allzu plötzlich gab es mit Bin Laden & Co eine perfekte Neugeburt.

Unbestritten ist, dass Politiker und Parteien sich im Fernsehen inszenieren und dafür moralische Hürden im Sauseschritt übersprungen werden. Im kleinen Österreich sind manche Dinge harmloser als in den großen USA. Zudem werden transatlantische Vorbilder zu sehr übernommen und zu wenig angepasst, um wirkungsvoll zu sein. Das Prinzip aber ist dasselbe.

Grundregeln medialer Inszenierung

Parteien benötigen für ihre Beliebtheit das richtige Thema, eine darauf aufbauende Botschaft und Personen mit passendem Positivimage. Auf keinen Fall genügt es, über eines der drei Dinge zu verfügen. Wer allein dem Image vertraut, sollte das politische Schicksal von Viktor Klima kennen und hinterfragen. Seine Medienauftritte mit attraktiver Frau, putzigem Hund und schönem Einfamilienhaus – die Reihenfolge ist ohne Wertung und war nach dem Zufallsprinzip austauschbar – verpufften. Mangels schlüssiger Botschaften und griffiger Themen gab es für die SPÖ 1999 ein Wahldebakel. Der Slogan »Auf den Kanzler kommt es an!« führte zur Gegenfrage, warum und wofür Klima wichtig sei.

2006 wurde von der ÖVP Wolfgang Schüssel als Person mit der Verkündung des Wohlseins in Österreich kombiniert. Irgendwo in der sommerlichen Planung vergaß man, das Gute an Kanzler und Land anhand von Themen zu begründen. »Weil er's kann« verschwieg, welche Sache Schüssel gar so gut macht. Daraus resultierte am Wahltag ein Desaster.

2002 war es der ÖVP noch gelungen, das Image von Schüssel mit den Botschaften Regierungserfahrung und Stabilität zu verknüpfen. »Wer, wenn nicht er?« enthielt Themen von der Wirtschaftskompetenz über die Kanzlerfrage bis zur vermeintlichen Sorge vor einem rotgrünen Chaos. Den damit zur Hälfte kritisierten Grünen wurde hingegen lange Zeit vorgeworfen, Themendebatten bis ins letzte Detail zu betreiben. Kernige Sprüche und sie transportierende Medienlieblinge galten ihnen als peinlich.

Wenn jedoch Heinz-Christian Strache für alle Politikbereiche als Wundermittel einen Ausländerstopp fordert, wirkt das stimmig. So unappetitlich es sein mag. 1999 plakatierte die FPÖ »Zwei echte Österreicher« und meinte den offiziellen Spitzenkandidaten Thomas

Prinzhorn und den wirklichen Kandidaten Jörg Haider. Das komplexe Thema der Ein- und Zuwanderungspolitik wurde durch das Image der Politiker und mit einer klaren Botschaft angesprochen.

Was Regierungen brauchen, sind ebenfalls zwei bis drei zentrale Themen, eine gute Botschaft und ein paar Sympathieträger. Sagten uns beispielsweise rot-schwarze Großkoalitionäre zu Jahresbeginn 2007, warum es sie überhaupt gibt? Alle Versicherungen, in bester Absicht und mit großem Einsatz für Österreich zu arbeiten, sind banal. Das Betonen des gemeinsamen Bemühens grenzt an Endzeitstimmung. Das Minimum der politischen Kommunikation sind taugliche Stehsätze. Im Koalitionsfall, dass wir aufgrund von XY diese und nur diese Regierung brauchen. Sich etwa mit Stolz auf ein Budget zu einigen, ist keine Leistung. Das tun alle, denn ansonsten wäre jede Koalition keine mehr. Die Medienwelt ist allerdings insofern ungerecht, als viele Themen zum Weitererzählen ungeeignet sind. Auch die beste Staatsorganisation ist für die Politikvermittlung zu sperrig.

Der Journalist Hans Rauscher schrieb in der Tageszeitung *Der Standard* einmal treffend vom Friedhof der namenlosen Verwaltungsreformer. Logische Gewinnthemen, mit denen Politiker punkten können, sind Arbeitsplätze, Gesundheit oder Bildung. Der Verkehr ist auch nicht schlecht. Einfach weil das alle betrifft.

Übrigens sind mediale Inszenierungen nichts Unanständiges. Politikvermittlung braucht ein Wechselspiel von Argumenten und Emotionen. Das meinten als Erste Aristoteles und Cicero. Parteien müssen etwas Originelles sagen und Medien publikumswirksam darüber berichten. Trotzdem dürfen aus demokratiepolitischer Sicht bei medialen Inszenierungen Politiker ein Minimum an inhaltlicher Seriosität nicht unter- und Journalisten ein Maximalausmaß an Showcharakter nicht überschreiten.

KISS ohne Romantik

Wir sind darauf trainiert, für kurze Zeit sehr aufmerksam zu sein. Denken Sie an Werbespots und Videoclips. Psychologische Studien weisen nach, dass nicht nur Jugendliche Schwierigkeiten haben, sich länger zu konzentrieren. Die durchschnittliche Länge eines »Zeit im Bild 1«-Beitrags liegt in vielen Sendungen unter 90 Sekunden. Von inhaltlichen Aussagen der Politiker im Originalton bleiben 12 bis 15 Sekunden übrig. Zeitungsartikel sind umfangreicher, doch nicht zum Ausklappen. Das Politikerzitat ist zwei bis drei Zeilen wert. Nicht mehr. Und wenn das Interview eine Stunde gedauert hat. Niemanden interessiert, wie kompliziert ein Thema eigentlich ist.

Ich als Wissenschaftler kann in Vorträgen meiner Berufskrankheit erliegen und zu viel und zu lange sprechen. An der Universität werden zwei Stunden Dauerreden nicht bestraft. Liefe eine Kamera mit, wäre das ein Risiko an der Grenze zum Wahnwitz. Nach dem Gesetz der Wahrscheinlichkeit erzähle ich in 7.200 Sekunden mindestens für 15 Sekunden blanken Unsinn. Soll ich mich am Abend unangenehm überraschen lassen, ob das als Wortspende herausgeschnitten und gesendet wird? Parteien und Politiker werden daher markige Sprüche vorbereiten und sich hüten, mehr zu sagen.

Reinhold Lopatka, Generalsekretär der ÖVP, wurde 2002 nach der gewonnenen Nationalratswahl zitiert, das Erfolgsgeheimnis wäre zum Teil der Marschbefehl »Nicht mehr als drei Sätze!« gewesen. Für alle Wahlkämpfer seiner Partei. Mit der Vereinfachung von politischen Botschaften orientiert man sich am Wirtschaftssystem, wo Unternehmensberater ihre Empfehlungen auf *Keep It Short and Simple* (KISS) reduzieren. Böse Zungen sprechen von *Keep It Short, Stupid.* Noch schlimmer ist *Keep It Silly and Stupid.*

Typische Beispiele dieser KISS-Formel sind neben den oben erwähnten Wahlslogans »Kreisky. Wer sonst?« – so die SPÖ 1975 – oder »Er hat Euch nicht belogen« nach der FPÖ für Jörg Haider 1994. Bis vor Kurzem glaubten nur 6 Prozent der österreichischen Wahlkampfmanager an die Wichtigkeit von Sachthemen. Vielleicht gibt es nach der Nationalratswahl 2006 ein Umdenken. Diese wurde von der SPÖ mit Themen und nicht der Sympathiewerte von Alfred Gusenbauer wegen gewonnen. Doch die Mehrheit der Parteistrategen hält Image und Persönlichkeit unverändert für am wichtigsten.

Hoppalas

Man kann es natürlich komplett falsch machen. Monika Forstinger, ehemalige Verkehrsministerin der FPÖ, ist dafür ein dankbares Beispiel. Sie war sofort mit einer negativen Öffentlichkeit konfrontiert. Angeblich soll sie in einem berühmt-berüchtigten Erlass ihren Mitarbeiterinnen das Tragen von Stöckelschuhen untersagt haben, weil das ihre ministeriellen Ohren störe. Weniger lustig war eine Rufnummernverordnung, die neben einem telefonischen Zahlenspiel vor allem Millionenausgaben bedeutet hätte.

Dabei konnte Forstinger am Anfang nichts dafür. Kurze Zeit nach dem Amtsantritt stand sie vor der undankbaren Aufgabe, im Fernsehen die Gletscherbahnkatastrophe von Kaprun am Großglockner mit einer dreistelligen Zahl von Toten zu kommentieren. Darunter viele Kinder. Seilbahngesellschaften gehören zum Verkehrsministerium und lagen somit in Forstingers Verantwortungsbereich. Doch natürlich ging es um Betroffenheit anstatt fachbezogener Analysen.

Forstingers Dilemma war eine nicht von ihr zu verantwortende Text-Bild-Schere. Im geografisch nächstgelegenen Landesstudio Salzburg verpasste man der Ministerin eine klassische Hintergrundkulisse der Festspielstadt. Die feierliche Positivstimmung von Hohenfeste und Schloss Mirabell passte nicht zu Kinderleichen. Dagegen lässt sich wenig machen und Forstinger war vollkommen unschuldig.

Ich erlebte 2002 unter nicht halb so dramatischen Umständen Ähnliches. Damals an der Universität Innsbruck arbeitend, war ich Live-Studiogast in der »Zeit im Bild 2«. Zugeschaltet aus dem Landesstudio Tirol. Statt dem sachlichen Blau als Ambiente für Politik gab es knalliges Orange plus Berglandschaft. Noch dazu schlugen sich die Farben mit meinem Hemd und meiner Krawatte. Schüchterne Anmerkungen, das würde seltsam aussehen, beeindruckten den anwesenden Techniker nicht im Mindesten. Der Dienst im Landesstudio endet üblicherweise nach der Sendung »Bundesland« um 19.30 Uhr. Ich hatte ihm um 22 Uhr unfreiwillige Überstunden verschafft. Gerettet hat mich Armin Wolf, der als Moderator von Wien aus die Scheußlichkeit des Hintergrunds feststellte. Das reichte für einen Dekorationswechsel kurz vor Sendungsbeginn. Anderenfalls hätte ich Parlament und Regierung als Alm-Ötzi kommentiert.

Aber wieder zurück zu Monika Forstinger. An allen weiteren Fernsehauftritten, die gründlich misslangen, war die Ministerin selbst schuld. Sie gab im Auto fahrend ein Interview ohne Sicherheitsgurt. Für eine Verkehrsministerin ist das schlecht. Noch dazu hätte sie aus dem Fehler eines Parteikollegen lernen können: Amtsvorgänger Michael Schmid hatte vor laufender Kamera rechtswidrig ohne Freisprechanlage telefoniert.

Im Rahmen der Öffentlichkeitsarbeit stellte das Ministerium schließlich eine Pressekonferenz unter das Motto »Sanieren statt Schulden ohne Konzept«, wie auf einem Plakat zu lesen war. Germanisten kritisierten, das wäre kein richtiges Deutsch, doch hinsichtlich KISS stimmte es. Leider wurde der im Fernsehbild gezeigte Ausschnitt nicht getestet. Forstinger saß als Rednerin vor den klar erkennbaren Worten »ohne Konzept«.

Grobe Vereinfachungen von Inhalten beschränken sich in einer Mediendemokratie keinesfalls auf den Wahlkampf. Zum 50-jährigen Jubiläum der Unterzeichnung des Staatsvertrags wurde 2005 das Originaldokument von einem hochrangigen Diplomaten Russlands, der Präsident Putin vertrat, bildgerecht an Bundeskanzler Wolfgang Schüssel übergeben. Die Botschaft war identisch mit jener 1955 auf dem Balkon des Wiener Belvedere: »Österreich ist frei!« Das wissen und verstehen alle. Fragen Sie lieber nicht, wie viele Österreicher jemals den Staatsvertrag gelesen haben.

Politik nach Drehbuch

Die Auftaktszenen einer neuen Bundesregierung in Österreich sahen 2007 so aus: Bundeskanzler Alfred Gusenbauer aß Krautsuppe. Sozialminister Erwin Buchinger schnitt sich Haare und Bart ab. Gesundheitsministerin Andrea Kdolsky spielte Tischfußball. An sich zählen mediengerechte Pseudo-Ereignisse zu den Gepflogenheiten des Wahlkampfs, doch längst sind Inszenierungen von Freizeitbildern Teil der

Regierungsarbeit geworden. Die Botschaft ist immer dieselbe: »Ich bin einer von euch!«

Pressekonferenzen mediengerecht aufzubereiten, das war gestern oder vorgestern. Politiker versuchen als aktive Sportler Dynamik zu beweisen oder als Musiker ihr Feingefühl zu belegen. »Sing mit uns!«, titelte sonntags die *Kronen Zeitung* mit drei Politikern im Bild. 1999 spielte der damalige Vizekanzler Wolfgang Schüssel Klavier, Cello und Ziehharmonika. Unterrichtsministerin Elisabeth Gehrer begleitete ihn auf der Flöte. Als Landwirtschaftsminister schwang Wilhelm Molterer noch seine Gitarre. Später waren es Harke und Rasenmäher. Nach ihrer Gesangsbibel gab die ÖVP nämlich ein Gartenbuch heraus.

Franz Vranitzky hatte in der Ära davor Basketball gespielt, immerhin war er in jungen Jahren Nationalspieler gewesen. Das Sympathiemanagement der Politik wird mittlerweile bis zur Absurdität betrieben, als etwa SPÖ-Bundeskanzler Viktor Klima das Kleinkind eines Redakteurs auf einem großen Farbfoto der *Kronen Zeitung*-Titelseite im Arm hielt. Die darüber stehende Schlagzeile bezog sich auf den Ex-Jugoslawien-Konflikt und lautete: »Jetzt Massaker an den Serben!«

Ein Klassiker ist der Besuch der Bundesregierung im Wiener Tiergarten Schönbrunn 2001. Man darf Politikern das zoologische Interesse nicht absprechen. Dafür hätten sie aber ohne viel Aufsehen Affen besichtigen können. Was zählte, waren die Kameras im Schlepptau. Heikel wurde es, als alle nach dem Lieblingstier gefragt wurden. Finanzminister Karl-Heinz Grasser nannte mit Dackelblick den Deutschen Schäferhund, weil dieser so treu ist.

Jahre später machte sein Partnerwechsel Zeitungsschlagzeilen. In der *Kronen Zeitung* hieß es auf der Titelseite »KHG und seine Pocahontas«, in *News* verkündete das Indianerkind namens Fiona Swarowski, ihn seit drei Jahren zu lieben. Warum kam bisher keiner auf die Idee, sich vor der Elefantenrunde aller Parteichefs als Fernsehdiskussion mit den Rüsseltieren knipsen zu lassen?

Kinder, Tiere und Autos eignen sich in einer Gefühlsgesellschaft ideal für politische Selbstdarsteller. Als Familienvater hoffe ich, dass den Österreichern der Nachwuchs wichtiger ist als Vierbeiner oder anderes Getier. Sicher bin ich nicht, obwohl Daten der Meinungsforschung das behaupten.

2002 hielt Bundeskanzler Schüssel unmittelbar vor dem Wahltag in der *Kronen Zeitung* formatfüllend eine Schildkröte im Arm und verkündete ein Bundestierschutzgesetz. Angesichts der Zuständigkeit des Nationalrats und dessen Auflösung vor jeder Wahl ein gewagtes Versprechen. Das rächte sich, als in derselben Zeitung dasselbe Foto ein Jahr danach noch einmal mit der kritischen Frage gebracht wurde, warum es noch kein solches Gesetz gäbe.

Vor allem ist interessant, woher ich zu wissen glaube, dass es sich um eine Inszenierung handelte. Das wurde mir von einem bekannten Abgeordneten der SPÖ erzählt, dessen Glaubwürdigkeit sich dadurch erhöhte, dass er seine Quelle preisgab. Die eigene Partei soll beim Herausgeber mit anderen Inszenierungswünschen vorstellig geworden sein. Als Antwort habe sie vom Allmächtigen der *Kronen Zeitung* zu hören bekommen: »Nein, ich habe für diesen Tag dem Schüssel schon den Tierschutz versprochen.« Stimmt die Geschichte nicht, so ist sie wenigstens gut erfunden.

Privatleben ohne Tabus

Eine viel risikolosere Plattform scheinbar unpolitischer Selbstdarstellung als Nachrichten und Politikseiten stellen für Politiker Unterhaltungssendungen im Fernsehen dar. Von freundlichen und auf eine gute Atmosphäre bedachten Moderatoren werden sie nur in Ausnahmefällen mit unangenehmen Fragen konfrontiert.

Das »Wetten, dass ...?«-Phänomen erfand nicht etwa der deutsche Bundeskanzler Gerhard Schröder, der ebenda nach seiner Wahl in den Jahren 1998 und 2002 quasi jeweils Antrittsbesuche absolvierte. Sein österreichischer Amtskollege Fred Sinowatz war bereits 1984 zu Gast, wobei er von die Sendung stürmenden Demonstranten gegen den Bau des Donaukraftwerks in Hainburg gestört wurde.

Karl-Heinz Grasser war 2006 ungleich erfolgreicher. Thomas Gottschalk begrüßte ihn so: »Ich sehe Sie jetzt zum ersten Mal von

Angesicht zu Angesicht. Und ich muss sagen, eigentlich sehen Sie für einen Politiker viel zu gut aus. Gibt es da nicht EU-Richtlinien, wie ein Finanzminister auszusehen hat? Am Hans Eichel war das erotischste ja der Name.« Fortsetzung folgt. Nämlich in dieser Form: »Aber Sie wurden ja schon in einem Alter Finanzminister, wo andere noch zu Hause wohnen und Taschengeld beziehen. Was ist da falsch gelaufen bei Ihnen?« Ein politisches Interview sieht anders aus. Grasser war mit für Österreich gegenüber Deutschland vorteilhaften Wirtschaftsvergleichen ohne jedwede Nachfrage in seinem Element.

Armin Wolf, leidgeprüft in Gesprächen mit Grasser, verglich wenig später bei einer Veranstaltung die nackten Zahlen. Im Jänner 2006 wurde »Wetten, dass ...?« von fast einem Viertel aller erwachsenen Österreicher über zwölf Jahren gesehen. Über 1,6 Millionen Menschen entsprachen einem Marktanteil von 58 Prozent. Insbesondere erblickten 60 Prozent der fernsehenden Teenager den jugendlichen Finanzminister. Zur gleichen Zeit kam die sonntägliche »Pressestunde« des ORF mit Karl-Heinz Grasser auf 10 Prozent aller Seher. 139.000 um genau zu sein. Unter den bis 19-Jährigen war es 1 Prozent.

Im Jubiläumsjahr 2005 gab Bundeskanzler Wolfgang Schüssel sein längstes Interview nicht in einer »Zeit im Bild«-Sendung, sondern zu seinen Kindheitserinnerungen aus der Nachkriegszeit in »Vera«. Am selben Ort war im September 1998 FPÖ-Bundesparteiobmann Jörg Haider mit Tochter aufgetreten. Sein Bedürfnis, von Armin Wolfs legendärem Vorgänger als »Zeit im Bild 2«-Moderator Robert Hochner interviewt zu werden, hielt sich ausnahmsweise in Grenzen. Die FPÖ war durch eine unseriöse Finanzgebarung in Niederösterreich in Schwierigkeiten geraten. Im Fall Rosenstingl hatte der Landesgeschäftsführer die Parteifinanzen allzu eigenständig verwaltet. Bald darauf verlagerte er diese Verwaltung ins Ausland. Er hatte Gelder unterschlagen und war nach Brasilien geflüchtet. Vera Russwurm stellte Haider dazu keine Fragen. Sie wollte wissen, wie es einem ausnehmend sympathischen Mädchen mit politisch polarisierendem Vater in der Schule geht. Kaum gab es eine Andeutung über Unannehmlichkeiten, war von typischen Vorurteilen der Altparteien die Rede. Kinder sind gegen und von Haider instrumentalisierbar.

Arnold Schwarzenegger wurde Gouverneur von Kalifornien, ohne – mit einer einzigen Ausnahme – in politischen Fernsehsendungen aufgetreten zu sein. Untrennbar mit *talk show politics* verbunden ist eine Präsenz von Politikern in den Klatschspalten. Vordergründig liegen Seitenblicke über das Privatleben im Interesse der Parteistrategen, längerfristig handelt es sich um eine sehr riskante Vorgangsweise. Wenn Politiker die Tür zu ihrem Wohnzimmer öffnen, enden neugierige Blicke nicht vor dem Schlafgemach.

Das ist manchmal unfair, denn ich kann jemanden in mein Haus einladen und ihn wieder wegschicken. Für Politiker und Journalisten müsste dasselbe gelten. Der Hinausgeworfene darf sauer sein, doch nicht Amok laufen. Bundespräsident Thomas Klestil führte mit seiner ersten Frau Edith als glückliche Familie Wahlkampf. Später musste er, als seine Zweitbeziehung mit der Diplomatin Margot Löffler bekannt wurde, in *täglich Alles* die Schlagzeile »Wann gibst Du die Löffler ab?« lesen.

Viktor Klima wurde lange nach seiner Kanzlerzeit als Generaldirektor von Volkswagen in Argentinien mit Magazinberichten über seine dortige Freundin samt Kindern konfrontiert. Wen interessiert ansonsten, in welchen Verhältnissen ein österreichischer Manager jenseits des Atlantiks lebt? Eigentlich geht das weder Medien noch Öffentlichkeit etwas an.

2007 wurden zwei Mitglieder der SPÖ-/ÖVP-Bundesregierung und ein Parteichef knapp nach ihrem Amtsantritt von ihrer Vergangenheit eingeholt. Es begann damit, dass wir mit Andrea Kdolsky eine Gesundheits-, Familien- und Jugendministerin haben, die sich zu Zigaretten und Schweinsbraten bekennt sowie Kinder ab und zu als störend ansieht. Zu ihrem Pech hatte sie das in einem Buch festgehalten, das eine Journalistin der *Kleinen Zeitung* las.

Parallel dazu musste sich der frühere Zivildiener Norbert Darabos als Vorgesetzter aller Soldaten rechtfertigen, warum er in seiner Jugend keine Waffe in die Hand nehmen wollte. Verteidigungsminister müssen keine Meisterschützen sein, Schießverweigerern jedoch schlägt von Berufsoffizieren Misstrauen entgegen.

Wenig später belegten Fotos, dass FPÖ-Klubobmann und Parteichef Heinz-Christian Strache vor 20 Jahren uniformiert an Kriegsspielen teilgenommen hat, die laut Dokumentationsarchiv des österreichischen Widerstands ins Umfeld von Neonazis einzuordnen sind. Kurz darauf war Strache zu sehen, als er nach seiner Darstellung mit drei erhobenen Fingern ebenso viele Biere bestellte. Das entsprechende Zeichen ist in neonazistischen Kreisen als Kühnen-Gruß verbreitet und in Deutschland als Wiederbetätigung gesetzlich verboten.

Die Fälle sind extrem unterschiedlich. Solange es Kdolskys Ressortleitung nicht beeinflusst, können Andersdenkende bei ihren Ansichten mit einem saloppen »Na und?« reagieren. Ein Zivildiener als Verteidigungsminister mutet bizarrer an. Doch hat Darabos nie das Bundesheer abgelehnt, sondern dem Gesetz entsprechend persönliche Gewissensgründe geltend gemacht. Zum Vergleich: Bill Clinton und George W. Bush haben gemeinsam, dass sie sich aus niederen Motiven und mit fragwürdigen Mitteln vor dem Wehrdienst gedrückt haben.

Im Gegensatz dazu ist bei Strache der Standpunkt, ihn ausschließlich an heutigen Taten und nicht ewiggestrigen Jugenderlebnissen zu messen, eine gefährliche Verniedlichung. Stimmen die Vorwürfe, geht es um nichts Geringeres als Demokratiefeindlichkeit. Trotzdem ist die Frage, welches Vorleben und welche Privatmeinungen ein Politiker haben darf, nicht leicht zu beantworten. Geschönte Lebensläufe mit Lücken an entscheidender Stelle widersprechen dem Transparenzgebot. Jedes Medium und sogar jede Konkurrenzpartei hat geradezu die Pflicht, nachzurecherchieren, selbst wenn etwas 20 Jahre zurück liegt. Der Haken ist das Fehlen objektiver Kriterien, wo die Grenze zur Schnüffelei ist.

Promi-Politik

Promi-Politik ist der Titel eines Buches und der Dissertation von Armin Wolf. Dieser hat sich mit politischen Quereinsteigern von Abfahrtsolympiasieger Patrick Ortlieb (FPÖ) bis zu Hans-Peter Martin (ursprünglich für die SPÖ) auseinandergesetzt. Wolfs Fazit: Promis bilanzieren als Kandidaten nur bedingt positiv, als Politiker noch bedingter. Sie sind über den Stil in der Politik und in den Parteien frustriert, setzen sich aber nur durch, wenn ihnen der Anpassungsprozess gelingt.

Nur ein Viertel gilt als politisch erfolgreich. Stärke ist die Kommunikation, Schwächen sind fachliche und soziale Kompetenz. Zu unterscheiden sind einem Thema verbundene Experten als Ausnahme- und themenfreie Medienmenschen als Regelfall. Hinzu kommen sportliche oder künstlerische Kapazunder und Mitläufer.

Wenn es darum geht, dass alle Berufsgruppen im Parlament vertreten sind, müssten Fleischhauer und Putzpersonal als Kandidaten auftauchen. In der Partei wären diese nicht unbeliebter als Promis. Das liegt weniger an deren Neigung zum Narzissmus als an den parteilichen Pyramidenstrukturen. Oben ist der Vorstand, ganz unten sind die Bezirksorganisationen. Funktionäre der Basis müssen eine Klettertour starten. Quereinsteiger treten mindestens einen Raufkraxler hinunter.

Da es ohnehin unmöglich ist, dass alle an die Spitze gelangen, suchen Möchtegern-Bergfexe nach Sündenböcken. Promis bieten sich dafür an. Zugleich ist die Idee, dass politisch-inhaltliche Erfahrung als Kriterium für ein Mandat gelten soll, nicht unlogisch. Der Protest von besser qualifizierten Verstoßenen ist demnach berechtigt.

Die Wahlforschung ist übrigens noch skeptischer als Armin Wolf. Eine empirisch belegte Verbesserung des Ergebnisses einer Partei durch Promis gibt es kaum. Die Datenlage wies 2002 trotz eines vorübergehenden Umfragehochs keine SPÖ-Zusatzstimmen durch Josef Broukal aus. Karl-Heinz Grasser war mit seinem Wechsel von der FPÖ ins Kompetenzteam der ÖVP wirksamer, weil die Themenlandschaft mehr bestimmend, aber er war ein Promi-Umsteiger und kein Quereinsteiger. Der Rest war Wahlkampffolklore.

Trotzdem galt mit Ausnahme der Grünen lange Zeit: »Welche Partei gräbt wen als (Semi-)Promi für den Nationalratswahlkampf aus?« Erst 2006 gab es eine merkbare Zurückhaltung mit Quereinsteigern auf Parteilisten. ORF-Journalistin Gertrude Aubauer für die ÖVP blieb weitgehend konkurrenzlos. Besser wäre es, auf jeder Landesliste an unwählbarer Stelle einen unechten Hermann Maier zu platzieren und um Vorzugsstimmen für ihn zu werben. Die Irrtumswahrscheinlichkeit einer Verwechslung mit dem Schifahrer ist groß genug.

Schlammschlachten

»Schluss mit den Lügen!«, so tönte es im Nationalratswahlkampf 2006. Körperliche Verunglimpfungen gab es portofrei dazu. Bundeskanzler Wolfgang Schüssel mit langer Nase und kurzen Beinen. Der von der SPÖ behauptete Sachbezug wurde durch die Gegenüberstellung von Kanzleraussagen vor und nach der Wahl hergestellt. 1999 hatte Schüssel angekündigt, als Dritter in Opposition zu gehen. Ein paar Monate später war die ÖVP Regierungspartei und stellte erstmals seit 1970 den Regierungschef.

Man darf sich auf den nächsten Nationalratswahlkampf freuen, wenn von der Abschaffung der Studiengebühren bis zum möglichen Kauf von Eurofightern dasselbe Spiel mit Alfred Gusenbauer gespielt werden wird. Mit umgekehrten Vorzeichen und Parteifarben. Nicht allein deshalb war die moralische Empörung der ÖVP 2006 wenig überzeugend, hatte man doch selbst für die steirische Landtagswahl 2005 Franz Voves als Spitzenkandidat der SPÖ zum Faulpelz gemacht.

Politiker und Parteien stützen ihre strategische Planung immer häufiger auf intensive Recherchen jedweder Tätigkeiten ihrer politischen Mitbewerber. Zur negativ attackierenden Wahlkampfführung ist es ein kleiner Schritt. Computerisierte Dossiers und Bildarchive bieten im Idealfall neben dem Lebenslauf einen Überblick der politischen Laufbahn mit Zitaten aus Ansprachen, Wahlkampfauftritten und Medieninterviews.

Gelegentlich bedeutet das, privatdetektivische und großteils unlautere Ermittlungen über den politischen Gegner anzustellen. Informationen über Krankheiten, persönliche Probleme, private Affären oder familiäre Verhältnisse zu beschaffen, das ist zwar unanständig, bietet aber Wahlkampfmunition. Negativkampagnen bringen keine Wählerstimmen, erhöhen jedoch die Aufmerksamkeit und den Erinnerungswert. Beschimpfungen fallen uns leichter auf und wir merken sie uns.

Negativität ist freilich riskant, weil sie einen selbst diskreditieren kann. Wer politische Gegner für alle sichtbar mit Schlammbällen bewirft, wird zwangsläufig ebenfalls schmutzig. Es ist wenig hilfreich, am Ende eines solchen Disputs darauf zu verweisen, dass der jeweils andere noch viel mehr mit Schmutz überzogen wäre. Das gemahnt an das Bild eines blutüberströmten und verletzten Möchtegern-Helden jugendlichen Alters, der sich nach dem Raufen inklusive Schlammschlacht vor seinen Eltern mit dem Verweis »Ihr solltet einmal den anderen sehen!« vergeblich zu rechtfertigen versucht.

Im geografisch und medial kleinräumigen Österreich ist von Schmutzkübeln abzuraten, weil es einfacher ist, anders an die Wähler heranzukommen. Für Länder mit niedriger Wahlbeteiligung und hoher Medienvielfalt ist die Verlockung größer.

Auch in der politischen Kultur gibt es gewichtige Unterschiede. Privat-sexuelle Kampagnen sind trotz des Gegenbeispiels Bill Clinton in den USA aussichtsreicher, Vorwürfe einer unseriösen Finanzgebarung in Österreich. In Maryland wurde ein Gouverneur sogar nochmals gewählt, als er sich wegen finanzrechtlicher Delikte im Gefängnis befand.

Um sich nicht die Hände schmutzig zu machen, ist es ein Ausweg, Verbündete für die Schmutzarbeit zu finden. Das ist in Österreich schwierig, weil Parteien mit allen gesellschaftlichen Gruppen eng verbunden sind. Wir würden kaum glauben, dass Proteste der Wirtschaftskammer gegen SPÖ-Regierungsmitglieder nichts mit der ÖVP zu tun haben. Oder solche der Gewerkschaft bis 2005/06 gegen die ÖVP/FPÖ-Koalition ohne Wissen der SPÖ geschahen.

Typisch sind daher Personenkomitees. Kurt Bergmann etwa war Vorsitzender des Komitees für Benita Ferrero-Waldner im Bundespräsidentschaftswahlkampf 2004. Die Unterstützer des Gegenkandidaten Heinz Fischer bezeichnete er als frustrierte Frauen. Es gab energische Stimmen gegen Bergmann, jedoch keine Empörung über Ferrero-Waldner. Als diese nach dem Wahltag persönlich von linken Emanzen sprach, wurde im Medienecho deutlich, dass ihr eine solche Positionierung vorher extrem geschadet hätte.

Negative Politkampagnen sind stets mit irrationalen Ängsten verbunden, die einen realen Bezug haben. Frei erfundene Kampagnen drohen als Seifenblase zu platzen, es muss wahre Kerne geben. Zum Beispiel sprach die SPÖ im oberösterreichischen Landtagswahlkampf 2003 sehr erfolgreich von einem Ausverkauf Österreichs. Unterstellt wurde ein Arbeitsplatzverlust, wenn die VOEST privatisiert und in ausländischem Mehrheitseigentum wäre.

Die Kampagne scheiterte übrigens an ihrer Personalisierung, als Landeshauptmann Josef Pühringer zusätzlich private Verfehlungen vorgeworfen wurden. Dass er sich beim Kauf eines Seegrundstücks bereichert hätte, wollten die Wähler nicht glauben.

Gerüchte

Nicht zu Unrecht gilt das Gerücht als Königsdisziplin jeder Schlammschlacht. In der Wirtschaft häufen sich vor Fusionen Scheininformationen, dass es einem Unternehmen schlecht gehe oder ihm die Mitarbeiter davonliefen. In der Politik wird Parteien nachgesagt, mangels Überzeugung würden die eigenen Funktionäre sich nicht für den Wahlsieg abrackern. Das Gerücht, von den Gewerkschaftern bis zum Wiener Bürgermeister wolle niemand für Alfred Gusenbauer kämpfen, war 2006 ein gewichtiges Problem der SPÖ. Für die ÖVP als gefährlich erwiesen sich Spekulationen, dass ihre Funktionäre aufgrund arroganter Siegessicherheit nicht mobilisierbar wären. Man denke jeweils an den wahren Kern.

»Produkte haben Fehler!« ist gleichzusetzen mit »Politiker haben Schwächen!« Hochsaison haben daher phasenweise persönliche Gerüchte über Affären oder Trennungen und Scheidungen von Politikern. Dazu zählten 2003/04 in Österreich Vorwürfe gegen den ehemaligen Landeshauptmann von Salzburg, er würde seine Frau schlagen. Vielleicht stammte diese Unterstellung von sogenannten Parteifreunden.

Den Betroffenen bringt so etwas in ein strategisches Dilemma. Weil Mann und Frau öffentlich widersprachen, wurde die Frage familiärer Gewalt umso mehr zum Gesprächsthema. Schweigen hätte der Verleumdung freien Lauf gelassen. Von gleicher Qualität sind Unterstellungen von Geldnot, psychischen Problemen oder Charakterschwächen.

In enger Verbindung mit solchen Gerüchten steht das beiläufige Streuen vertraulicher Informationen, etwa in Journalistengesprächen. Für Österreich werden rund 3.000 Meinungsführer als Multiplikatoren gesehen. Gelingt es, diese anzusprechen, ist eine große Verbreitung der geplanten Botschaft gesichert.

Allgemein haben ungefähr 30 Prozent der Bevölkerung überdurchschnittlich viele Sozialkontakte. Diese müssen die Hauptzielgruppe bilden, da auch massenmedial niemand 100 Prozent der Bevölkerung und damit alle Wähler ansprechen kann.

Der Soziologe Harald Katzmair, spezialisiert auf Netzwerkanalysen, nennt das Wiener Szenelokal *Volksgarten* als Knotenpunkt der Kommunikation unterschiedlichster Schichten. Wer dort politische Geheimnisse erzählt, hat gute Chancen, dass es am nächsten Tag die ganze Stadt weiß.

Medien sind für Gerüchte sehr anfällig. Die *Kronen Zeitung* als im Verhältnis zur Bevölkerungszahl fast größtes Printmedium der Welt behauptete im Juni 2006: »Es gibt wilde Gerüchte, wonach ein BAWAG-Kredit in Millionenhöhe über eine ÖGB-Stiftung zur SPÖ geflossen sei – und von dem Geldinstitut dann für uneinbringlich erklärt worden sei.« Parallel dazu hielt sich an Stammtischen hartnäckig das Gerücht, die ÖVP habe frühzeitig von der BAWAG-ÖGB-Affäre gewusst, um die Bombe im Wahljahr hochgehen zu lassen. Im Nachrichtenmagazin *profil* war zu lesen: »Was wusste die Volkspartei vom Bankenskandal wirklich?«

Im Text wurde wiederum auf Berichte der *Kronen Zeitung* verwiesen. Die Basis für beide Gerüchte bildeten dritte Gerüchte über die Tagebücher von ÖGB-Präsident Fritz Verzetnitsch. Journalisten behaupteten, deren Inhalt zu kennen, aber aus rechtlichen Gründen nicht zu veröffentlichen. Gegen diesen Gerüchtejournalismus war nichts zu machen. Von Verzetnitschs Notizen hörte man nie wieder.

Wunderwaffe Internet

Das Internet eignet sich unter oberflächlich denkenden Parteimenschen ausgezeichnet für Negativkampagnen und Gerüchte. In Wahrheit ist die erhoffte Anonymität natürlich Schall und Rauch. Spuren lassen sich problemlos in Parteizentralen zurückverfolgen. Die Donau-Universität Krems veranstaltete zu mehreren Landtagswahlen mit Medienpartnern Wahlbörsen, die das Ergebnis vorhersagen sollten. Prompt häuften sich seltsame Käufe und Verkäufe von auf Parteinamen lautenden Aktien, um die Kurse von SPÖ, ÖVP, FPÖ, Grünen und BZÖ zu heben oder zu senken. In kürzester Zeit waren neben Computerfreaks Aktivisten aller Parteifarben als Übeltäter ausgemacht.

Technische Umgehungsmöglichkeiten sind in der Praxis nicht machbar. Wer will schon mitten im Wahlkampf einen Mitarbeiter haben, der laufend sein Büro verlässt, um in einem Internetcafé anonym zu bleiben? Vom Schreibtisch aus lässt sich kaum unter falschem Namen auftreten.

Abgesehen von der Ressourcenverschwendung gibt es im Internet oft viel Engagement und wenig Hirn. Der Vorteil, in der Wahlbörse einer Zeitung unter- oder überbewertet zu sein, ist durch nichts nachgewiesen. Das Risiko, sich mit dem Manipulationsversuch in Zeitungsberichten zu finden, liegt auf der Hand.

Generell wird Wahlkämpfern vorgebetet, nichts auf eigene Faust zu unternehmen, dessen Wirkung nicht ausgetestet wurde. Im Internet ist das nicht organisier- und steuerbar. Sind Kampfposter einmal losgelassen, kennen sie weder Freund noch Feind. Ob das der jeweiligen Partei hilft, interessiert keinen mehr. Die Parteileitung muss hilflos zusehen, was passiert.

Peter Puller, mittlerweile Chefredakteur des Pressedienstes der ÖVP, erlangte im steirischen Landtagswahlkampf 2005 traurige Berühmtheit. Er soll eine Arbeitsanleitung verfasst haben, wie man die SPÖ im Internet schlecht macht. Absichtliche Tipp- und Rechtschreibfehler, damit es nicht auffällt, wurden ausdrücklich empfohlen. Pullers Pech war, dass es Seminarteilnehmer gab, die weniger der ÖVP als vielleicht den Grünen nahe standen oder neutral waren.

Es kam, wie es kommen musste, und das Papier wurde den Medien zugespielt. Was folgte, widersprach dem guten Ratschlag, im Glashaus nicht mit Steinen zu werfen. Die Entrüstung der Nicht-ÖVP-Parteien war höchst unangebracht. Es ist sehr unwahrscheinlich, dass nach vielen Jahren der Internetnutzung und zahllosen Wahlkämpfen bloß die ÖVP-Landesorganisation in der Steiermark zum ersten Mal und exklusiv die Möglichkeiten des Netzes für Negativkampagnen nutzen wollte.

Unabhängig davon wird das Internet natürlich immer bedeutender. Es ist politikwissenschaftlich bewiesen, dass sich unter den politischen Intensivnutzern kaum isolierte Online-Süchtige befinden. Vielmehr sind darunter überdurchschnittlich viele Wähler mit auch im realen Leben mehr Sozial- und Medienkontakten; der Idealtypus von Multiplikatoren.

In der Theorie müssen Parteien diese so ansprechen, dass sie nicht abgeschreckt werden, sondern eine gute Meinung von den Politikern bekommen. Der unbestrittene Vorteil des Internets ist die Kosten-Nutzen-Relation. Während Plakatserien Unmengen an Geld verschlingen, um außer der reinen Wahrnehmung nichts zu erreichen, ist es im Netz verhältnismäßig billig, Breitenwirkung zu erzielen.

Sündteure Plakate rentieren sich im Vergleich dazu höchstens auf Umwegen, damit Parteimitglieder nicht eine emotionale Krise bekommen, wenn bei einer Autobahnabfahrt alle Wahlkampfgesichter außer dem eigenen Spitzenkandidaten abgebildet sind. Die folgenden Anrufe in der Zentrale kosten mehr Zeit und Personal, als man in Geld ausdrücken kann. E-Mails und Forumsbeiträge von Kampfpostern der Gegenseite kann man ignorieren, die eigene Parteibasis am Telefon nicht.

Wozu Wahlkampagnen?

Warum werden pro Partei bis zu sieben Millionen Euro plus Dunkelziffer für Wahlkampagnen ausgegeben? Im Verhältnis zur Größe des Landes haben wir in Österreich sehr teure Wahlkämpfe. Zudem steht eine Kostenexplosion bevor, sollte politische Werbung im ORF erlaubt werden.

Es stellt sich die Frage nach der Sinnhaftigkeit von Millionenbeträgen für Fernsehspots, Zeitungsinserate und Plakatwände. Wenn jemand dadurch Wahlen gewinnt, ist das eine logische Antwort. Alle Politiker und Parteien wären bereit, ein Vielfaches zu machen und zu zahlen, wenn es hilft.

Fragt man Sozialforscher nach Kampagnen, die ein Wahlergebnis beeinflusst haben, ist die Antwort verblüffend. Schon Paul Lazarsfeld behauptete 1944 über US-Präsidentschaftswahlen, dass der Kampagnewert äußerst gering sei. Mit anderen Worten: Hätte keine Kampagne stattgefunden, wären in vielen Fällen Wahlsieger und Stimmverteilung nahezu gleich gewesen.

Do Political Campaigns Matter? heißt folgerichtig ein politikwissenschaftlicher Klassiker aktuelleren Datums von den Politikwissenschaftlern David Farrell und Rüdiger Schmidt-Beck. Die Titelfrage wurde lange Zeit verneint. Einerseits ist es ein Prozess der persönlichen Kommunikation – auch jener über wahlkampfbezogene Medienberichte –, der das Wahlverhalten prägt. Interaktionen des Einzelnen im sozialen Umfeld sind hochkomplex und in ihrer Summe von keiner Kampagne planbar. Andererseits haben viele Bürger und sogar Wechselwähler klare Einstellungen, welche Parteien sie mögen oder ablehnen. Wahlkampagnen können in ihrer Kurzfristigkeit keinen Meinungswechsel auslösen.

Auch gibt es mathematische Modelle, die anhand grundsätzlicher Variablen – früherer Wahlergebnisse, Zustimmungsraten der Amtsinhaber, Regierungsdauer usw. – Monate vor der Wahl das Ergebnis vorhersagen. Parallel dazu machen interdisziplinäre Ansätze wirtschaftliche und soziale Rahmendaten zum Indikator, welche Gewinnchancen Regierungs- und Oppositionsparteien haben. Der Genauigkeitsfaktor ist ungeachtet mancher Fehlprognosen in beiden Fällen beeindruckend.

Natürlich gibt es von Naturkatastrophen bis hin zu politischen Skandalen unerwartete Ereignisse mit möglichem Entscheidungscharakter. Doch in Österreich wurden zuletzt Wahlkämpfe mehr von den Parteien verloren als durch deren Kampagnen gewonnen. So haben bei

Landtagswahlen die SPÖ 2004 in Kärnten und die ÖVP 2005 in der Steiermark sich selbst geschlagen. Dasselbe gilt für Franz Schausberger und die ÖVP in Salzburg. Wären die Kampagnen als aktive Sterbehilfe unterblieben, hätte es kein schlechteres Ergebnis gegeben.

Damals dachte man jeweils, es wäre eine Art ungeschriebenes Lehrbuch entstanden, wie man es nicht macht. Doch ist keine Partei vor aktualisierten Neuauflagen der unfreiwilligen Art gefeit. Parteien und Werbeagenturen behaupten trotzdem eine starke Kampagnewirkung, um die Kosten zu rechtfertigen. Als Kompromissthese könnte sich ergeben, dass es allein wichtig ist, überhaupt eine Wahlkampagne zu führen. Deren werbliche Details sind unbedeutend bzw. richten oft mehr Schaden an, als sie Nutzen bringen.

III. Warum nur, warum? Wahlverhalten und Wahlmotive

Als typischer Wechselwähler habe mich manchmal erst kurz vor dem Wahltag entschieden. Oder sehr spät anders entschieden. Damit bin ich Teil der Erklärung für überraschende Wahlergebnisse. Allgemein wird für die Schwierigkeit, Wahlergebnisse vorherzusagen, die Gruppe der Unentschlossenen verantwortlich gemacht. Erfahrungsgemäß ist davon auszugehen, dass etwa 10 Prozent der Wähler ihre Entscheidung in den letzten drei Tagen treffen.

Der englische Ausdruck dafür lautet *last minute deciders*. Das ist insofern ungenau, als eben ein paar Tage gemeint sind und nicht buchstäblich die letzten 60 Sekunden. Im Extremfall jedoch überlegen sich Menschen ihr Stimmverhalten erst in der Wahlzelle. Daher macht es Sinn, wenn in Kleinstgemeinden der Bürgermeister vor dem Wahllokal steht, um Hände zu schütteln. Natürlich darf er niemanden auffordern, für seine Partei zu stimmen. Meistens genügt es, sich im Stil eines gnädigen Monarchen für die Ausübung des Wahlrechts zu bedanken.

Noch größer und im Steigen begriffen ist die Zahl jener, die in der Schlussphase des Wahlkampfs – höchstens zwei bis drei Wochen vor dem Wahltag – über ihr Stimmverhalten entscheiden. 1990 machten die Spätentschlossenen 14 Prozent aus, 2006 waren es 23 Prozent aller Wähler. In Deutschland zählte diese Gruppe bei der Bundestagswahl 2005 über 40 Prozent. Schon deshalb ist eine späte Änderung des Trends in jedwede Ergebnisrichtung möglich.

Auch wenn für manche am Ende bloß noch zwei und nicht fünf Parteien in Frage kommen, kann niemand wissen, ob Unentschlossene X oder Y wählen. Möglicherweise bleiben sie zu Hause. Das im Vorhinein erforschen zu wollen, wäre gleichbedeutend mit der Frage, ob und in wen sie vorhaben sich in nächster Zeit zu verlieben. Vielleicht tun sie es gar nicht.

Für den Liebeskummer der ÖVP war 2006 das Ende des Nationalratswahlkampfs verantwortlich. Während nur 14 Prozent der eigenen Anhänger sich in den letzten Wochen für die Partei entschieden, mobilisierte die SPÖ im selben Zeitraum 28 Prozent ihrer Wähler. Also das Doppelte. Die FPÖ kam auf 35 und das BZÖ gar auf 40 Prozent.

Der zunehmende Anteil von Spätentschlossenen hat generell weitreichende Auswirkungen, da Wankelmütige meistens durch Emotionen zu gewinnen sind. Wer nach Sachargumenten geht, kann sich im Prinzip Monate vor der Wahl festlegen. Inhaltliche Informationen bekommt man durch Werbekampagnen der Parteien kurz vor Torschluss selten. Partei- und Wahlprogramme kann jeder vorher lesen.

Das ist ein Grund, warum die Grünen in Umfragen oft besser dastehen als am Wahlabend, obwohl es sich dabei um eine Halbwahrheit handelt. Das Publikum der Grünen geht mehr nach Inhalten und legt sich früher fest. FPÖ-Wähler hingegen entscheiden nach Stimmungslagen und deshalb später. Daher und aufgrund der schlechten Erreichbarkeit erscheint die FPÖ häufig unterbewertet. Nicht jedoch wegen der Unfähigkeit von Meinungsforschern, die im Gegensatz zu allen Journalisten und Zeitungslesern das Problem nicht erkannt hätten.

Stamm- und Wechselwähler

Vor ein paar Jahrzehnten waren Wahlen eine leichte Sache. Vor allem für Wahlforscher. Zwischen 80 und 90 Prozent der Wahlberechtigten stimmten für die SPÖ oder die ÖVP, komme was da wolle. Der Rest wählte die FPÖ oder war Nichtwähler. Deren Mobilisierung und ein paar Prozent Wechselwähler entschieden darüber, wer den ersten Platz erreichte. Heute beträgt die Zahl der Stammwähler im engeren Sinn bestenfalls ein Drittel.

Die Mehrheit der Wähler hat zwar eine relativ klare Neigung zu einer Partei X, ist jedoch für ein bis zwei andere Parteien durchaus gewinnbar. Ein Viertel der Bevölkerung ist in seinem Verständnis deklarierter Wechselwähler. Das heißt, sie haben nicht bloß in Ausnahmefällen eine andere Partei gewählt, sondern tun dies üblicherweise. Regelmäßig für dieselbe Partei zu sein, würde Selbstzweifel bis hin zur politischen Identitätskrise auslösen.

Fast die Hälfte der SPÖ-Wähler 2006 bezeichnete sich als traditionelle Anhänger der Partei. Im Vergleich zur Nationalratswahl 2002 hat das Traditionsmotiv damit unter den Sozialdemokraten an Boden verloren, doch viel weniger als in den Reihen der ÖVP. Auf deren Seite war 2002 noch für 44 Prozent der Wähler ihre Dauertreue ausschlaggebend gewesen. 2006 waren es nur mehr 28 Prozent.

Daran mag eine schwache Intensivphase des Wahlkampfs schuld gewesen sein, sodass Wähler, die üblicherweise der ÖPV ihre Stimme geben, zu Nichtwählern wurden. Allerdings ergibt sich für die ÖVP zugleich das grundsätzliche Problem, dass man über weniger Stammwähler als der Hauptkonkurrent SPÖ verfügt. Die Partei muss daher eine größere und manchmal unrealistisch hohe Zahl von Wechselwählern gewinnen.

Hinzu kommt, dass man innerhalb der Mitte-rechts-Parteien ÖVP, FPÖ und BZÖ einen großen und vielleicht ebenso unrealistischen Anteil der Stimmen auf sich vereinigen muss. Strategisch gesehen befindet sich für kommende Wahlen die SPÖ in der besseren Ausgangsposition.

Zusätzlich gibt es ein Wählerpotenzial, das den Anteil von Proteststimmen für Kleinparteien erhöht und das neue Parteien nutzen können, um Mandatsstärke zu erreichen. Es besteht eine unbestimmte Sehnsucht nach Politikern und Parteien der anderen Art. In moderierten Gesprächsrunden, den *focus groups*, hören Meinungsforscher oft Wortmeldungen, dass ein Politiker oder eine Partei sich irgendwie von den altbekannten Typen unterscheiden soll.

Bei Nachfragen, was genau anders und wie es überhaupt sein muss, gehen die Antworten wild durcheinander. Manchmal sind sie nicht sonderlich logisch oder gar als Ruf nach einem Führer demokratiefeindlich. Doch besteht unzweifelhaft eine Vertrauenskrise für klassische Parteien und Politikfunktionäre. Wer am ehesten das Anderssein verkörpert, hat alle Chancen.

Lange Zeit profitierten davon die Grünen und Alexander Van der

Bellen, doch kommt es mit dem Älterwerden zur Abnutzung des Effekts. Van der Bellen gilt weiterhin als sehr sympathisch. Die allgemeine Begeisterung über seinen Gesprächsstil ist dennoch im Schwinden begriffen. Die lobenswerte Tatsache, dass er in Interviews nachdenkt und konkrete Antworten gibt, statt vorbereitete Stehsätze zu sagen, bietet keinen Neuigkeitswert mehr.

Die Sehnsucht nach neuen Politikertypen ist nicht allein in Österreich verbreitet. Sie erklärt, warum verschiedenste und zum Teil bizarre Gruppierungen aus dem Stand den Einzug in Volksvertretungen schaffen. Sowohl Hans-Peter Martin als auch die steirische KPÖ mit ihrem Spitzenkandidaten Ernest Kaltenegger hatten weder Strukturen noch Geld für einen erfolgreichen Wahlkampf. Anders als Martin, der ein Kandidat der *Kronen Zeitung* war und sich vom ORF ignoriert fühlte, konnte die KPÖ von Anfang an nicht einmal auf starke Medienpräsenz hoffen.

Trotzdem schafften beide bei der EU-Parlamentswahl 2004 bzw. bei der steirischen Landtagswahl 2005 mehrere Mandate. Martin erhielt in ganz Österreich 14 Prozent der Stimmen, Kaltenegger im Land über 6. Für den Grazer Gemeinderat waren es mehr als 20 Prozent. Gerhard Hirschmann, ehemaliger Landesrat der ÖVP, hätte es mit seiner Liste in der Steiermark ebenfalls geschafft, wenn seine Ex-Partei sich mit ihm nicht einen gegenseitigen Vernichtungsfeldzug bis zum politischen Selbstmord Seite an Seite geliefert hätte.

Die Mindestprozenthürde übersprangen auch die Neue Linke in Deutschland und die rechtsextreme NPD in Mecklenburg-Vorpommern.

Gemeinsamer Nenner all dieser so verschiedenen Parteien war es, sich in ihrem Auftreten und Arbeit von der etablierten Politikelite zu unterscheiden. Einfach dadurch, neu zu sein oder eine uralte linke oder rechte – und noch dazu zumindest früher undemokratische – Bewegung in neuem Gewand zu präsentieren.

Wer den Wunsch nach einer Abkehr vom bisherigen Parteiensystem zu erfüllen scheint, darf auf viele Stimmen hoffen, egal wann und wo. Solange ich mich jung fühle, bin ich mit unterschiedlichen Parteipräferenzen insofern kein Einzelfall, als es natürlich unter älteren

Menschen mehr Stamm- und unter den Jüngeren mehr Wechselwähler gibt. Doch kann sich keine Partei darauf verlassen.

Jörg Haiders FPÖ begann ihren Aufstieg mit Riesengewinnen unter ehemaligen ÖVP-Wählern im ländlichen Raum, um ihn in den Wiener Arbeiterbezirken, einem bisherigen Hoheitsgebiet der SPÖ, fortzusetzen. Ernest Kaltenegger durchbrach mit der KPÖ alle Ideologiegrenzen. Ganze Wählergruppen liefen direkt von der FPÖ zu ihm über. Zwar kennen Proteststimmen weder rechts noch links, doch waren darunter stramme Recken. So stramm, dass sie kurz davor angesichts der Unterstellung, jemals KPÖ zu wählen, mit Duellforderungen reagiert hätten.

Beruf und Region

Nach Berufsgruppen gab es seit 1999 im Wahlverhalten große Veränderungen unter den Arbeiterstimmen von der SPÖ zur FPÖ – diese war vor weniger als einem Jahrzehnt unter Jörg Haider sogar stärkste Arbeiterpartei – und zurück. Viele Arbeiter wanderten als Wähler zunächst von der SPÖ zur FPÖ. 2002 musste Letztere in dieser Gruppe ihre schwersten Stimmenverluste hinnehmen. Allerdings gab es keine Rückorientierung zur Sozialdemokratie und somit einem typischen und an Klassen gebundenen Wahlverhalten, sondern eine Umorientierung zu Gunsten der ÖVP.

Erst 2006 kehrten viele der Stimmen in den Schoß der vormals klassischen Arbeiterpartei SPÖ zurück. Jeder zweite Arbeiter wählte sie bei der Nationalratswahl 2006, nur jeder Fünfte die Freiheitlichen. Die FPÖ kam sogar hinter der ÖVP zu liegen. Das Ergebnis ist für die SPÖ erfreulich, jedoch stellen Arbeiter eine zahlenmäßig schrumpfende Gruppe dar. Vor allem jüngere Wähler der Arbeiterschaft sind extrem beweglich und reagieren positiv auf populistische Kampagnen und Themen. In Kärnten wählen sie mehrheitlich Jörg Haider.

Typisch ist weiters, dass die ÖVP in kleinen Gemeinden und die SPÖ in größeren Städten dominiert. Die ÖVP wurde 2006 von nahezu jedem zweiten Bürger in Gemeinden bis 2.000 Einwohner – wo etwa 20 Prozent der wahlberechtigten Bevölkerung leben – gewählt. Sie schafft es jedoch nur mehr, jeden vierten Bürger in Städten mit mehr als 50.000 Einwohnern (und 30 Prozent der Wahlberechtigten) zu begeistern. Folgt Österreich dem internationalen Trend der Landflucht, werden Erfolge der ÖVP in Zukunft immer schwieriger.

Doch der Schein trügt. Die Gefahr für die ÖVP lauert keineswegs allein in den Städten. Die SPÖ konnte 2006 im ländlichen Bereich ein Drittel der Wählerstimmen gewinnen. Ein bemerkenswerter Anteil. Besonders interessant ist die Strategie dahinter. Nach den Gesetzen der Logik müsste die SPÖ auf den Wettbewerb auf dem Land weitgehend verzichten. Bei knappen Ressourcen lohnt es nicht, Zeit und Geld in Ortschaften zu verschwenden, wenn dort sowieso ein klarer Vorsprung der ÖVP herauskommt.

Warum es trotzdem viel bringt, lässt sich anhand einer Anleihe beim Tennis erklären. Thomas Muster zählt üblicherweise nicht zu jenen Profis, die ich als professioneller Politikbeobachter gerne zitiere. Auf die Frage, ob das Match über die schwache Rückhand des Gegners gewonnen wurde, antwortete er allerdings oft sinngemäß mit einer empörten Verneinung. Wer durchschnittlich gut werden will, würde genau das tun. Jemand, der Nummer eins ist oder diese anstrebt, müsse die Stärken des Gegners zerstören. Im konkreten Fall die Vorhand. Siehe da, von wem ich etwas lernen konnte. Nach demselben Muster wurde von der SPÖ der ländliche Raum zur Kampfzone erklärt. Mit scharfer und konsequenter Kritik an der Einstellung von Buslinien oder der Schließung von Postämtern gelang es, in eine Domäne der ÖVP einzudringen. Deren gesamter Spielaufbau war schwer beeinträchtigt.

Übrigens attackierten bei der US-Präsidentschaftswahl 2004 George W. Bush nahe stehende Gruppen dessen Kontrahenten John Kerry für seine Vietnam-Vergangenheit. Bei einem Kriegshelden galt das als Tabu, doch wollte man seine Stärke angreifen. Mit Erfolg. Sozusagen Vorteil Aufschläger.

Großes Potenzial für Stimmenzuwächse gibt es in der Stadt-Land-Verteilung für die Grünen sowie für die FPÖ. Beide Parteien punkten in den Städten und haben im ländlichen Bereich mit 5 Prozent

FPÖ- bzw. 4 Prozent Grün-Wählern extremen Aufholbedarf. Dass die FPÖ auf dem Land erfolgreich sein kann, hat sie unter Jörg Haider bewiesen.

Das gilt besonders, wenn der bundespolitische Gegenspieler eine Großkoalition von SPÖ und ÖVP ist. Auch die Grünen haben aufgrund ihrer Umwelt- und Landwirtschaftspolitik ausreichend Anknüpfungspunkte unter der ländlichen Bevölkerung. Das bedeutet schlechte Nachrichten für ÖVP-Strategen.

Stadt und Land sind zugleich ein Zeichen, dass wir uns vermehrt in Parallelwelten aufhalten. Obwohl moderne Verkehrswege und Verkehrsmittel Städter und Landbewohner einander räumlich näher brachten, sind sie im Kopf weiter voneinander entfernt als jemals zuvor. Das wechselseitige Unverständnis für die Lebenswelt des jeweils anderen ist abgesehen von Wochenendbekanntschaften und touristischen Berührungspunkten mit all ihren Klischees größer geworden.

Dasselbe gilt übrigens nach Berufsgruppen für Arbeiter und Akademiker oder im privaten und öffentlichen Bereich Beschäftigte. Sie alle leben in Teilöffentlichkeiten. Vorurteile gegenüber der benachbarten Öffentlichkeit sind an der Tagesordnung. Was Arbeiter von Beamten halten, wird lediglich von der Ahnungslosigkeit eines Beamten über den Arbeiteralltag übertroffen. Und umgekehrt.

Geschlechterkluft und Altersunterschiede

Aus statistischer Sicht müsste ich als Mann in den besten Jahren ÖVP wählen. Wäre ich eine Frau, SPÖ oder Grüne. Spätestens seit den 1980er-Jahren kann im Stimmverhalten eine Geschlechterkluft beobachtet werden. Frauen und Männer weisen ein stark unterschiedliches Wahlverhalten auf. Frauen bevorzugen wenigstens auf Bundesebene Mitte-links stehende Parteien. Männer wählen mehrheitlich Mitte-rechts-Parteien.

So stimmten bei der Nationalratswahl 2002 50 Prozent der Frauen und nur 39 Prozent der Männer für die SPÖ oder die Grünen. Das bedeutet, dass sich ungeachtet des damaligen ÖVP-Triumphes eine rotgrüne Koalition ausgegangen wäre. In Mandaten sowieso problemlos.

Umgekehrt wählten 2002 56 Prozent der Männer ÖVP oder FPÖ, während nur 48 Prozent der Frauen für eine der beiden Regierungsparteien ihre Stimme abgaben. Ein Grund dafür war und ist, dass das weibliche Geschlecht stärker durch Sozialthemen als übliches Politikfeld links der Mitte angesprochen wird.

Bei der Nationalratswahl von 2006 setzte sich die Entwicklung fort. SPÖ und Grüne kamen bei den Frauen neuerlich auf genau 50 Prozent der Stimmen. Rechts der Mitte, d. h. für die Parteien ÖVP, FPÖ und BZÖ, gab es eine männliche Mehrheit. Diesmal mit 53 Prozent. Die ÖVP musste bei der Nationalratswahl 2006 im Vergleich zu 2002 unter den Frauen doppelt so starke Verluste hinnehmen wie unter Männern. Hätten nur Männer gewählt, wäre die ÖVP weiterhin relativ klar vorne gewesen. Der genannte Hauptgrund dafür bestätigte sich: Vor allem Frauen schätzten deren Sozialkompetenz als sehr schwach ein. Die FPÖ konnte 2006 von einem niedrigen Niveau ausgehend überraschend bei Frauen zulegen, was (auch) mit der Person des Spitzenkandidaten Heinz-Christian Strache zusammenhing. Andere Männer sollten sich da jedes Kommentars enthalten. Die Grünen wurden immer schon mehrheitlich von Frauen gewählt.

Parallel dazu gibt es als Generationenkluft erhebliche Altersunterschiede. Die Stimmverteilung von unter 30-Jährigen und über 50-Jährigen weicht dramatisch voneinander ab. Die Traditionsparteien SPÖ und ÖVP konnten 2006 gemeinsam, obgleich mit großen internen Verschiebungen, bei den über 50-Jährigen satte vier Fünftel der Wählerstimmen auf sich vereinen.

Bei den unter 30-Jährigen gaben lediglich knapp drei Fünftel SPÖ oder ÖVP ihre Stimme. Die beiden Großparteien haben in der jüngsten Generation jeweils 8 Prozentpunkte verloren, was einem kleinen Erdrutsch gleichkommt. Entgegen der Meinung des Volksmunds ist weniger die ÖVP als die SPÖ davon am stärksten betroffen. Sie weiß gar nur mehr ein Viertel der Wähler bis 30 Jahre hinter sich, was langfristig zukünftige Wahlerfolge erschwert. Obwohl sich mit dem Älterwerden das Wahlverhalten hin zu traditionellen Parteien ändern kann, ergibt sich langfristig für SPÖ (und ÖVP) ein Dilemma.

Grüne und FPÖ haben umgekehrt bei den jüngeren Wählern fast zu den Traditionsparteien aufschließen können. Die Grünen bekamen knapp jede fünfte Wählerstimme (19 Prozent) der unter 30-Jährigen, die Freiheitlichen wurden ebenda von 17 Prozent gewählt. Die über 50-Jährigen sind hingegen den Grünen gegenüber weiterhin äußerst skeptisch eingestellt, nur 2 Prozent aus dieser Gruppe gaben eine Grün-Stimme ab. Bei den Pensionisten war es überhaupt nur 1 Prozent.

Wollen die Grünen in Zukunft den Sprung zu einer Mittelpartei schaffen, müssen sie folgerichtig versuchen, auch die ältere Generation – welche in absoluten Zahlen zumeist den größten der Teil der tatsächlichen Wähler stellt – anzusprechen. Das mag ein Risiko sein, doch führt kein Weg daran vorbei. Allein mit den Studenten als Kerngruppe ist keine Regierungsbeteiligung zu erreichen.

Wahlkampf um das Heer der Pensionisten

46, 43, 8 und 2 Prozent. Bei den Nationalratswahlen 2002 war das der Stimmenanteil von ÖVP, SPÖ, FPÖ und Grünen bei pensionierten Wählern. Wolfgang Schüssel & Co gelang es vor allem bei Frauen mit kleineren Pensionen, in eine Hochburg der Sozialdemokraten einzudringen. Im Frühjahr 2003 schaffte die ÖVP in Niederösterreich eine absolute Mehrheit. Für Erwin Prölls Triumph mitverantwortlich waren Spitzenergebnisse von bis zu 60 Prozent bei den nicht mehr berufstätigen Wählern. 2006, bei der nächsten Nationalratswahl, hieß es unter den Pensionisten 46 zu 35 Prozent. Zu Gunsten der SPÖ.

Das Blatt hatte sich mit der sowohl versicherungsmathematisch notwendigen als auch in der Kommunikation hoffnungslos missglückten Pensionsreform gewendet. Die Zugewinne der SPÖ in Oberösterreich Ende September 2003 war neben einem Streit um den Ausverkauf der VOEST durch den Rückgewinn der Pensionisten begründet.

Landeshauptmann Josef Pühringer konnte für die ÖVP nur Schadensbegrenzung betreiben und mit Mühe und Not den ersten Platz ins Ziel retten. Sein Ex-Amtskollege Franz Schausberger konnte sich bei den Salzburger Landtagswahlen Anfang März 2004 keine aus Staatsräson verschenkten Stimmen leisten. Also gab es als Schnellschuss die Ankündigung, das Land würde von der Reform geschädigte Pensionisten unterstützen.

Jörg Haider machte in Kärnten dasselbe und zahlte das Geld sogar persönlich in bar aus. ORF-Fernsehkameras waren brav vor Ort und sendeten, was er wollte. Das passte zum Image des Rächers der Enterbten, den schon 1999 eine große Mehrheit der männlichen Pensionisten gewählt hatte. 2004 sollten sie es wieder tun.

Ein Wahlzuckerl? Ja, aber Schausberger und Haider hatten früher als Schüssel begriffen, worum es geht. Pensionisten sind mit knapp 25 Prozent eine riesige Wählergruppe mit überdurchschnittlicher Wahlbeteiligung. Von ihrer überraschenden ÖVP-Unterstützung 2002 waren sie 2004 bereits zu den Unentschlossenen zurückgekehrt und flirteten mit der SPÖ. Betroffen von der Pensionsreform fühlten sich nicht nur 500.000 Kleinpensionäre, sondern Millionen in Pension oder kurz davor.

Schüssel als Bundeskanzler hatte SPÖ und Grünen mit dem Rentenklau eine tödliche Wahlkampfmunition auf dem Silbertablett serviert. Die später von der Regierung beschlossenen Ausgleichszahlungen waren pure Notwehr. Für Schausberger kam mit der Kehrtwendung im Wahlkampf jede Hilfe zu spät, weil Landes- und Regierungszuckerl nicht süß genug waren.

Wenn es so einfach wäre, könnte jeder den Arbeitern, den Hausfrauen, den Autofahrern usw. Geld geben, um Wahlen zu gewinnen. Die Wähler sind misstrauisch und fragen, wo das Geld herkommt. Wird es anderswo weggenommen, etwa den Jungen zu Gunsten der Alten, ist das schlimmer als falsche Wahlversprechen.

Sweet Sixteen

Ich erinnere mich, dass bereits in meiner Schul- und Studienzeit debattiert wurde, wann wir wählen dürfen. Als ich viel später in der Politikwissenschaft tätig war, hatte sich der Diskussionsstand nicht verändert. Jahrelang waren Wortgefechte über eine bundesweite Senkung des Wahlalters auf 16 Jahre ein Sturm im Wasserglas. Zu eindeutig war die Ablehnung der ÖVP. Wolfgang Schüssel wollte das bis 2006 nicht. Punktum.

Dann ging es ganz schnell. Josef Pröll betrieb mitten in den Koalitionsverhandlungen Ankündigungspolitik. Taktisch genial erweckte er den Eindruck, als hätte die ÖVP das stets gewollt. Kurz danach, im Jänner 2007, sah das Regierungsprogramm Wählen mit 16 vor. Bei Landtagswahlen in Wien, Salzburg und dem Burgenland – sowie auf Gemeindeebene in der Steiermark und in Kärnten – ist das ohnehin bereits der Fall. Die anderen Bundesländer werden nachziehen.

Kaum zu glauben und trotzdem wahr: Fast niemand weiß Bescheid über Stimmverhalten und Motive jener, die erstmals wählen. Wahltagsbefragungen helfen wenig. Wenn man von einem Teil der Wählerschaft in der Größenordnung von 2 bis 3 Prozent etwas wissen will, bedeutet das, in einer Umfrage mit 1.000 Anrufen 20 bis 30 Personen aus der Zielgruppe zu erreichen.

Mit utopischen 10.000 für alle Wähler repräsentativen Interviews wären es auch erst 200 bis 300. Die Folge war und ist ein Sammelsurium von Vermutungen und Verdächtigungen über die Stimmen der 16- und 17-Jährigen. Es wurde um die Wette geschätzt, ob die Jugend rechts- oder linkslastig ist, und ihr eine besonders niedrige Wahlbeteiligung unterstellt.

Daneben gab es Behauptungen der Politikverdrossenheit und von nicht auf Inhalte bezogenen Wahlmotiven der Jugend. Das fragwürdige Spektrum der dafür herangezogenen Quellen reichte von innerschulischen Projektarbeiten bis zu mehr oder minder erfundenen Politikeraussagen.

Laut den vorhandenen Studien – so vom SORA-Institut 2005 nach der Wiener Landtagswahl sowie seitens des Unterrichts- und Wissenschaftsministeriums 2007 – gleicht die Wahlbeteiligung der 16- und 17-Jährigen in Wahrheit jener der Erwachsenen. Vor allem jedoch werden der Jugend politische Aktivität und Demokratieverständnis bescheinigt. Nach Parteien liegen die Grünen um 10 Prozentpunkte besser sowie SPÖ, ÖVP und FPÖ etwas schlechter als insgesamt.

Damit werden freilich um das – meiner Meinung nach an sich sehr positive – Wählen mit 16 künstliche Wellen geschlagen. Spekulationen, welche Partei daraus Vorteile zieht, sind im Grunde lächerlich. Es handelt sich wie beschrieben um eine Kleinstgruppe, die für das Ergebnis von Wahlen nicht besonders wichtig ist. Für Parteien zahlt sich Klientelpolitik zu Gunsten der Jugend kaum aus.

Wenn 16- und 17-Jährige je nach Bundesland knapp mehr als 2 und allerhöchstens 3 Prozent der Wählerschaft stellen, stimmen natürlich nicht alle für dieselbe Partei. Liegen also die Grünen bei den neuen Jungwählern um 10 Prozentpunkte besser als in anderen Altersgruppen, klingt das nach einem Riesenerfolg. Der zehnte Teil von zwei bis drei ist jedoch 0,2 oder 0,3. Die Grünen würden somit ihr Gesamtresultat lediglich um ein paar mickrige Teilprozente verbessern.

Polemisch könnte man sogar meinen, dass die über 80-Jährigen mit fast 5 Prozent Bevölkerungsanteil wahltaktisch mehr als doppelt so bedeutend sind als die unter 18-Jährigen. In Wahrheit geht es den Parteien daher beim Einsatz für das Wahlrecht der Jugend um Imagegewinne. Wer will schon mit dem Mief leben, Jugendlichen politische Beteiligung zu verweigern?

Zugleich heißt das Zauberwort langfristige Kundenbeziehungen. Jede Bank versucht, vor allem Maturanten frühzeitig an sich zu binden. Anfangs ist das kein großartiges Geschäft, weil junge Menschen geringe Geldumsätze haben. Doch werden aus den heutigen Berufseinsteigern die Besserverdiener von morgen. Für eine Partei sind 16- und 17-Jährige genauso eine Investition, um später Wahlen zu gewinnen.

Parteistrategen müssen auf ihren Profit nicht einmal bis zur Pensionierung aktueller Erstwähler warten. Vor allem in Städten sind Österreicher von 30 bis 45 Jahre entscheidende Wechselwähler. Da lohnt es sich, rechtzeitig um ein paar Jahrgänge der Teens und Twens bemüht zu sein. Vielleicht waren SPÖ und ÖVP sich deshalb für eine Senkung des Wahlalters plötzlich einig.

Politikverdrossenheit

Hans-Peter Martin und seine erwähnten Konsorten leben davon, dass Politik angeblich nicht sehr beliebt ist. Umso populärer ist es, die große Politikverdrossenheit herbeizureden. Die *Kronen Zeitung* titelte nach der Nationalratswahl und der Regierungsbildung 2006/07 geradezu stolz, dass alle Parteien beim Wähler untendurch wären. Hinzu kommt als medialer Volkssport, speziell der Jugend politisches Desinteresse zu unterstellen.

Im Februar 2007 ortete der Zweite Nationalratspräsident Michael Spindelegger von der ÖVP eine dramatische Zahl von jugendlichen Politikmuffeln. Seitdem fordert er eine verpflichtende politische Bildung an Schulen. So kann auch eine falsche Behauptung zur richtigen Schlussfolgerung führen. In Wahrheit sind sowohl alte als auch junge Österreicher keine absoluten Politikverweigerer, sondern lehnen bloß Politikerklischees zunehmend ab. Insbesondere haben sich viele an austauschbar wirkenden Funktionärstypen satt gesehen, die offenbar denselben Sprachlehrer haben.

Ein Beispiel dazu: Das Problem des Gewerkschaftsbundes war bereits im Juni 2006, wenige Monate nach Aufkommen der BAWAG-ÖGB-Affäre um Geldspekulationen mit der Verpfändung des Streikfonds, nicht mehr Fritz Verzetnitsch. Jener Mann, der mit seiner luxuriösen Innenstadtwohnung zum Symbol unseriösen Wirtschaftens und einer Doppelmoral wurde, trat zurück und wurde nicht mehr gesehen.

Das wahre Dilemma war, dass seine Nachfolger zwar ganz andere Menschen und am Anlassfall unschuldig sein mochten, in der Außenwirkung aber dennoch keinen Unterschied machten. Es handelte sich fast ausnahmslos um Männer derselben Alters- und Gewichtsklasse. Neben ihrem identischen Redestil schienen sie auch den gleichen Anzugschneider zu haben. Wie sollen da einem unbedarften Fernsehzuseher Reform und Veränderung signalisiert werden?

Nachweisbar ist neben der Politiker- vor allem eine Parteien- und Medienverdrossenheit. Pressesprecher und Kommentatoren bilden einschließlich der Politikwissenschaftler jene Fachöffentlichkeit, die als

Wanderzirkus von einer medialen Inszenierung zur nächsten tingelt. Wir führen oft Inzestdiskussionen, die politisch durchaus interessierte Jugendliche und Erwachsene gleichermaßen langweilen. Trotzdem tut man der Jugend mit dem Vorurteil unrecht, diese wäre uninteressierter als Erwachsene.

Zwar stimmt, dass weniger als ein Fünftel der Jungwähler Politik als wichtig ansieht. Das weisen sowohl die von Spindelegger zitierte IMAS-Umfrage 2006 als auch eine Studie meiner Donau-Universität Krems 2007 nach. Wobei es ein wenig unfair ist, Jugendliche beispielsweise nach ihrer Aufmerksamkeit für die Finanzierung des Pensionssystems zu fragen. Wenig überraschend hat das Thema für Teenager nicht höchste Priorität. Man erkundigt sich ja auch nicht, was Rentner von Techno-Partys halten.

Dass übrigens dort manchmal Politiker im Anzug herumtanzen, hat nichts mit mangelnder Intelligenz zu tun. Sie wissen, dass das seltsam aussieht. Es ist jedoch ein Ausdruck der Hilflosigkeit aufgrund fehlender Alternativen, weil Parteien wenigstens vorübergehend den Draht zur Jugend verloren haben. Der Punkt ist nichtsdestoweniger, dass Jugendliche mit ihrem Fünftel an politisch Engagierten um nichts besser oder schlechter als ihre Vorfahren sind. Unter den Erwachsenen wird dieselbe Zahl gemessen.

Das kann man je nach Standpunkt ein zum Teil gefülltes und auch ein fast leeres Glas des politischen Interesses nennen. In Plädoyers für politische Bildungsarbeit neige ich dazu, das genannte Fünftel kleinzureden. Doch sind Demokratieideale mit 100 Prozent engagierten Bürgern weltfremd. Gemeinwesen bestehen stets aus aktiver und passiver Öffentlichkeit. Es gibt immer eine verhältnismäßig geringe Zahl von Menschen, die Wahlämter anstreben oder in der Zivilgesellschaft selbst Politik machen. Daneben geht eine Mehrheit zur Wahl und beteiligt sich höchstens gelegentlich an Unterschriftenaktionen, Versammlungen oder durch Mitgliedschaften in politischen Vereinen. Österreich hat im Verhältnis zu seiner Bevölkerungsgröße die meisten Parteimitglieder, doch sind viele alles andere als aktiv.

Ein nicht zu unterschätzender Teil der Bevölkerung verweigert sich Politikprozessen. Es ist klar, dass die Zahl der Verweigerer einen bestimmten Anteil nicht über- und jene der Aktiven einen solchen nicht unterschreiten darf. Bedeutender als Prozentsätze aber ist in Demokratien die Durchlässigkeit der Grenzen, sodass man jederzeit vom Desinteressierten zum Engagierten werden kann. Deshalb brauchen wir eine radikale Intensivierung der politischen Bildung.

Trotz allen Engagements muss den Anfängen gewehrt werden. Drei Viertel der 14- bis 18-Jährigen meinen, dass sich Politiker nicht um die Meinung der Jugendlichen kümmern. Ein Viertel ist mit der Demokratie wenig bis gar nicht zufrieden. Bis zu 20 Prozent wollen einen starken Mann.

Das geschichtliche Jubiläumsjahr 2005 war für die Hälfte der Jugendlichen wenig bis gar nicht interessant. Vom jetzigem Bundeskanzler Alfred Gusenbauer und seinem Amtsvorgänger Wolfgang Schüssel haben 25 Prozent sicher keine schlechte Meinung, weil sie ihnen völlig unbekannt sind. Julius Raab oder Leopold Figl kennt man nur in einstelliger Prozentzahl.

Das Phänomen der Nichtwähler

Drittstärkste Partei der Nationalratswahl 2006 waren die Nichtwähler. Gingen 2002 noch 84 Prozent zur Wahl, so nahmen bei der Nationalratswahl 2006 nur mehr 78 Prozent ihr Wahlrecht in Anspruch. Bei einzelnen Landtagswahlen ohne echte Konkurrenz für den Marktführer – etwa die SPÖ in Wien oder die ÖVP in Tirol und Vorarlberg – ist der Rückgang viel dramatischer und betrug die Wahlbeteiligung zuletzt bloß 60 Prozent.

Die Wahlbeteiligung bei der EU-Wahl betrug 2004 knapp über 42 Prozent. Das bedeutete ein Minus von 7 Prozentpunkten im Vergleich zu 1999, als es bereits gegenüber 1996 einen Einbruch von fast 70 auf unter 50 Prozent gegeben hatte. Zu Unrecht wurde daher ausgerechnet der Nichtwähleranteil in der letzten Nationalratswahl dramatisiert.

Was im Übrigen ein gutes Beispiel für die Sofortwirkungen einer Mediendemokratie war. Am Wahlabend war korrekterweise von 74

Prozent ausgezählten Stimmen die Rede. Es fehlten wie immer rund 4 Prozent Wahlkartenwähler. Doch war das auch meinerseits als Studiogast im ORF kaum vermittelbar, durch den Blätterwald rauschte die vermeintliche Horrormeldung von einem mindestens 10-prozentigen Rückgang der Wahlbeteiligung. In Wahrheit waren es unter 6 Prozent.

Über Wahlverweigerer wissen wir in der Politikwissenschaft oft am wenigsten, weil sie sich Umfragen genauso verweigern. Klar, wer aus persönlichen Gründen verhindert ist, der steht keinem Meinungsforscher für Interviews zur Verfügung. Wem es zu dumm war, an der Wahl teilzunehmen, der tut das noch weniger bei der Wahltagsbefragung. Daraus ergibt sich das Kuriosum, dass eine besonders niedrige Wahlbeteiligung für neue Erkenntnisse einen Glücksfall darstellt. Endlich steigt die Chance, unter den Nichtwählern ausreichend Befragungspersonen zu finden.

Typische Nichtwähler sind jung und schlecht gebildet. Sie sind enttäuscht von der Politik und der Meinung, dass ihr Wahlgang nicht wichtig wäre. Die Aussage eines Nichtwählers, dass seine Stimme keinen Einfluss auf das politische Geschehen hat, verdeutlicht im Gegensatz zur bloß vorübergehenden Enttäuschung eine Tendenz, sich vom demokratischen System abzusetzen.

Die für Parlaments- und Landtagsparteien besonders schlechte Nachricht: Nichtwähler lehnen keinesfalls jedwede Beteiligungsform ab, sondern halten unter den derzeitigen Möglichkeiten keine Partei und keinen Kandidaten für attraktiv. Politisches Desinteresse rangiert als Motiv der Nichtwähler oft an letzter oder vorletzter Stelle. Klassische Nichtwähler sind auch längst nicht mehr allein frühere FPÖ-Anhänger. Sowohl ÖVP als auch SPÖ mussten 2006 in den Wählerströmen gegenüber der Nichtwählergruppe ihre größten Einbußen hinnehmen.

Die Gründe des Wählerschwunds sind vielfältig. Nicht für alles darf die Politik verantwortlich gemacht werden. Manches ist das Resultat gesellschaftlicher Entwicklungen, von denen wiederum viele positiv zu bewerten sind. So dient Politik heute nicht mehr in erster Linie dazu, die Existenz der Wähler zu sichern. Bei der Sicherung meiner grundlegenden Lebensbedürfnisse, von der Wohnung bis zum Arbeitsplatz, ist der politische Einfluss stark zurückgedrängt worden.

Nur bis in die 1980er-Jahre waren die Österreicher gewohnt, dass der Staat ihre wirtschaftlichen und sozialen Probleme löst. Mittlerweile wird das Politikern weder zugetraut noch von ihnen unbedingt erwartet. Oft wirft man es Politikern sogar vor, wenn sie sich um in Not geratene Staatsbürger kümmern wollen, die ihre Not selbst verschuldet haben. Da ist bald von Sozialschmarotzern die Rede.

In der Mediendemokratie ist ferner eine oberflächliche Sichtweise der Politik entstanden. Politiker und Parteien sind nicht länger unnahbare Wesen, ihre Arbeit wird genauer beobachtet. Die Medienberichterstattung darüber zielt meist auf eine Skandalisierung ab. Es wird selten über Leistungen der Politik und am meisten über Missstände gesendet und geschrieben.

Schließlich wird Wählen nicht länger als Aufgabe jedes Bürgers gesehen. Mit der weit gehenden Abschaffung der Wahlpflicht hat das Nichtwählerphänomen aber wenig zu tun. Auch vor deren Wegfall wurde die Verweigerung der Stimmabgabe rechtlich nicht geahndet.

Eine Einschränkung muss gemacht werden. Die Wahlbeteiligung ist ein kleiner Teil der politischen Beteiligung und zur Messung der Demokratiequalität vollkommen ungeeignet. Ich wünsche mir eine Demokratie, in der sich Beteiligung nicht darauf beschränkt, alle vier, fünf oder sechs Jahre auf einen Zettel Kreuzchen zu malen. Genauso kann bei einer hohen Lebenszufriedenheit in Verbindung mit klaren Mehrheitsverhältnissen die Nichtwählerzahl steigen. Umgekehrt sind es oft Konflikt- und Krisensituationen, in denen bisherige Nichtwähler doch zur Stimmabgabe motiviert werden.

Trotzdem würde ich keinem Politiker glauben, der bei Einbrüchen der Wahlbeteiligung vor Selbstzufriedenheit strotzt, weil angeblich alle so zufrieden sind. Es ist mir im Gegenteil das heulende Elend von Vertretern aller Parteien nach der EU-Parlamentswahl in guter Erinnerung. Was damals alles an Programmen für eine EU-ropäische politische Bildung versprochen wurde, hätte für Jahre gereicht. Offenbar hat man sämtliche Programminitiativen zu verheimlichen gewusst oder ich war in meinem Beruf zu untalentiert, sie zu entdecken. Oder es gab keine solchen Programme.

Gefährlich für die Demokratie ist ein dadurch verbreitetes Gefühl der Ohnmacht. Politische Beteiligung bedeutet die reale Chance, das Ergebnis politischer Prozesse beeinflussen zu können. Es genügt nicht, vom Leserbrief bis zur Stimmabgabe irgendwie dabei sein zu dürfen, wenn letztlich Parteien und Politiker hinter verschlossenen Türen nach ihrem Gutdünken entscheiden.

Wahlrechtsfragen

Trotzdem kann das Nichtwählerphänomen kaum losgelöst von Wahlrechtsfragen verstanden werden. Sowohl Verhältnis- als auch Mehrheitswahlen sind demokratisch. Nach anglo-amerikanischem Vorbild soll im letztgenannten Fall der Wahlsieger seine Versprechungen umsetzen und nicht in Koalitionsverhandlungen und schwerfälligen Entscheidungsverfahren zum kleinsten gemeinsamen Nenner gezwungen werden. Ist diese Umsetzung schlecht, werden Regierungsparteien abgewählt. Das italienische Beispiel zeigt, dass das funktioniert.

Mehrheitswahlen führen aber zu einem Zweiparteiensystem. Drittparteien erhalten für Teilerfolge keine anteiligen politischen Mandate und keine Grundlage für ihre Politik. Ein minderheitenfreundliches Mehrheitswahlrecht (so nannte es der Grazer Jurist und Politikwissenschaftler Klaus Poier) ist bestenfalls mit wahlrechtlicher Mathematik für Fortgeschrittene machbar. Je komplizierter das Wahlrecht, desto geringer die Transparenz und vermutlich die Akzeptanz.

Wer allerdings meint, das Verhältniswahlrecht in Österreich sei einfacher, dem ist der Versuch einer Erklärung unserer Mandatsberechnung nach d'Hondt zu empfehlen. Ich musste das einmal ohne Vorbereitungszeit in englischer Sprache tun. Seitdem bin ich ein gebranntes Kind. Ich war spontan von der US-Botschaft eingeladen worden, um einem hohen Gast Hinter- und Abgründe unserer Wahlrechtsmathematik zu erklären.

Ganz genau wollte der Gast es zum Glück nicht wissen, doch das wusste ich im Vorhinein nicht. Das Hauptargument für Koalitionsregierungen und das ihnen zugrunde liegende Verhältniswahlrecht lautet nicht Verständlichkeit, sondern ist Gerechtigkeit. Möglichst viele Wähler sollen sich in der Regierung wiederfinden, niemand sich ausgeschlossen fühlen.

Die Frage, ob bestimmte Wahlrechtsformen politische Beteiligung fördern, ist nicht leicht zu beantworten. Einerseits fördern Parteilisten im Verhältniswahlrecht nicht die unmittelbare Beziehung zwischen Bürgern und Abgeordneten. Ich entscheide mich bei Nationalrats- und Landtagswahlen für eine Partei und bin höchstens durch den Spitzenkandidaten positiv oder negativ beeinflusst. Der Abgeordnete meines Wahlbezirks ist kaum ein Motiv. Andererseits führt das Mehrheitswahlrecht zu verlorenen und überzähligen Stimmen, was ebenfalls politischen Frust erzeugt. Verloren, weil Stimmen für den Wahlverlierer nicht wenigstens zu einer Vertretung in der Opposition führen. Überzählig, weil der Wahlsieger eine relative Mehrheit benötigt und es für deutlichere Gewinne keinen zusätzlichen Vorteil durch mehr Abgeordnete gibt.

Basisdemokratie

Das bisher Gesagte bezog sich mittelbar oder unmittelbar auf Wahlen. Als ob diese das alleinige Allheilmittel zur Einbeziehung des Volkes in politische Entscheidungen darstellten. Hurra-Demokraten rufen gerne nach Volksabstimmungen und anderen Formen der Direktdemokratie.

Historisches Vorbild ist die Agora als griechischer Marktplatz, wo alle Bürger sich trafen, berieten und zu einem Ergebnis kamen. Frauen und Sklaven waren ausgeschlossen, es handelte sich also kaum um einen Idealtypus für die Gegenwart. Zudem funktionieren basisdemokratische Dialoge heute nicht unbedingt besser.

Es ist jedoch heikel, Instrumente der Direktdemokratie in Frage zu stellen. Rechtspopulisten erhalten Kanonenfutter, um ihre Standardsprüche zur Eigendefinition als wahre Demokraten abzulassen.

Links-liberale Politiker sind gleichfalls für eine verstärkte Einbeziehung des Volkes vulgo Basis. Zumeist argumentieren sie mit mehr Tiefgang, doch als es in Österreich von 2000 bis 2006 eine Mitte-rechts-Regierung gab, hörte man aus der linken Ecke nicht weniger unsachlich, ÖVP und FPÖ bzw. BZÖ würden ja am liebsten die Demokratie ganz abschaffen.

Wie viel Direktdemokratie brauchen wir also? Volksbegehren, Volksbefragungen und Volksabstimmungen können in demokratischen Staaten unter Umständen gar nicht vorgesehen sein. Das gilt auf Bundesebene in Deutschland und den USA, wo man jeweils aus Sorge vor der Emotionalität des Volkswillens und seines Missbrauchs auf eine Ausweitung der repräsentativen Demokratie setzte.

Das war nahe liegend, weil es 1949 im deutschen Grundgesetz kaum vorstellbar war, nach zwölf Jahren Gleichschaltung und Indoktrinierung durch das Naziregime eine allzu unmittelbare Einflussnahme des Volkes auf politische Entscheidungen zu wollen. Jüngere US-Beispiele sind weniger dramatisch, doch war das – mit der Unterschriftensammlung zur Abwahl seines Vorgängers begonnene – Schwarzenegger-Spektakel 2003 in Kalifornien kein Musterbeispiel gelebter Demokratie. National gibt es in den USA ebenfalls keine Volksabstimmungen.

Der aktuell klassische Fall einer Basisdemokratie ist die Schweiz mit ihren Volksentscheiden. 100.000 Unterschriften führen nicht nur wie bei uns zur parlamentarischen Behandlung eines Begehrens, sondern verpflichtend zu einem Volksentscheid. In vielen Fällen ist das geschehen und es fand sich in weniger als 10 Prozent eine Mehrheit.

So einfach das klingt, ist nicht alles Gold, was glänzt. Die durchschnittliche Beteiligung beträgt 40 Prozent und in Einzelfällen unter 10 Prozent. Auch sind dafür eine lange Tradition und ein hoch entwickelter Verfassungskonsens Voraussetzung. Sogar in der Schweiz.

Stellen Sie sich vor, dass ohne gewachsene Diskussionskultur FPÖ, *Kronen Zeitung* oder Kärntens Heimatverbände quasi wöchentlich Volksabstimmungen über den Respekt vor der Verfassung inszenieren könnten. Das Problem, ob solche Abstimmungen der Mehrheit

Anliegen von Minderheiten gefährden, ist jenseits von Jörg Haiders Ortstafeltheater im Süden nicht zu unterschätzen.

Den Mittelweg gehen jene Länder, welche von oben herab – das heißt nach einem Beschluss der Parlamentsmehrheit, der Regierung oder des Präsidenten – unmittelbare Entscheidungen des Volkes ermöglichen. Wenn allerdings etwa Tony Blair seit 1997 eine Volksabstimmung über das britische Wahlsystem in Aussicht stellte, um sie später angesichts des Umfragestandes nicht mehr zu thematisieren, ist das kaum Sinn der Sache. Auf eine Abstimmung zum Euro hat die britische Regierung entgegen ihren Ankündigungen ebenso wohlweislich verzichtet.

Die von Anfang an gesicherte Ignoranz gegen ein Volksbegehren in Österreich ist keinesfalls besser, egal von wem es stammt. Hinzu kommen seltsame Gesetzeslücken. Als Rudolf Fußi 2002 ein Volksbegehren gegen den Kauf von Abfangjägern initiierte, unterschrieben 624.807 Menschen. Damit wäre eine Behandlung im Nationalrat fällig gewesen. Da sich dieser jedoch nach dem Platzen der ÖVP/FPÖ-Regierung auflöste, kam es nicht dazu. Die neu gewählten Abgeordneten hatten keine Verpflichtung mehr, sich mit Fußis Begehren des Volkes zu beschäftigen. Was sie auch nicht taten.

Natürlich könnte man bei uns gleichfalls verpflichtende Volksabstimmungen einführen und die dafür notwendige Unterschriftenzahl eines Volksbegehrens von 100.000 auf 500.000 erhöhen. Der offene Punkt ist das richtige Augenmaß. Sind 500.000 Unterschriften zu viel, können nur Parteien und führende Medien sie sammeln. Zivilgesellschaftliche Gruppen hätten höchstens in Ausnahmefällen oder wiederum mit indirekter Partei- oder Medienunterstützung eine Chance. Sind 500.000 zu wenig, kann jeder Populist mit Profilierungsneurose Abstimmungen anzetteln. Reicht Österreichs politische Kultur und Demokratiequalität aus, dass sich solche Akteure politisch selbst disqualifizieren und Nachteile der Direktdemokratie somit vernachlässigbar sind?

IV. Unsere politische Kultur

Ganz ehrlich: Wann haben Sie zum letzten Mal über Politik und Politiker geschimpft? Vermutlich ist es nicht lange her. Meistens geht es dabei nicht gerade sachlich zu. Warum auch nicht, Politiker sollen misstrauisch beäugt werden. Demokratische Kontrolle und sachliche Kritik bedürfen außerdem pointierter Formulierungen, um medial vermittelbar zu sein. Trotzdem sollte der schmale Grat zur persönlichen Verletzung nicht überschritten werden. Es ist zugleich für uns peinlich, dauernd eine Berufsgruppe zu beschimpfen, von denen wir – Nichtwähler ausgenommen – einen Teil freiwillig gewählt haben.

Politikwissenschaftler sind für alles Mögliche da, doch sicher nicht um Politiker zu verteidigen. Ich jedenfalls verspüre im Regelfall dazu keinerlei Bedürfnis. Im Gegenteil. Mein Beruf versteht sich vor allem als kritische Analyse von Machtverhältnissen. Meistens kommt die Politik dabei schlecht weg. Trotzdem muss man dieser Gerechtigkeit widerfahren lassen. Insbesondere etwa wenn man als im Bildungsbereich arbeitender Privatmensch die Meinung des Volksmundes gefühlsmäßig teilt.

So hegte im zweiten Teil ihrer Amtszeit bloß eine kleine Minderheit Sympathien für Elisabeth Gehrer und ihre Bildungspolitik. Deren Änderung bis hin zum Rücktritt der Ministerin zu fordern, war das gute Recht der skeptischen Mehrheit. Doch ist deshalb eine Titulierung als Alm- und Strickliesl oder minder bemittelte Handarbeitslehrerin gerechtfertigt?

Die Ausdrücke Gruselbauer und Low-patka waren auf demselben Niveau. Besser gesagt, sie ermangelten eines solchen. In der jüngeren Geschichte wurde das Wortspiel mit Namen von 1933 bis 1945 von den Nazis auf abscheuliche Art perfektioniert. Daher sollten Politikbeobachter, Journalisten, Parteiaktivisten und/oder Möchtegern-Kampfposter im Internet – alle zitierten Begriffe fanden sich während des Nationalratswahlkampfs 2006 laufend in Online-Diskussionsforen – so etwas tunlichst unterlassen. Wer will sich schon auf das Terrain von Paradepopulisten begeben?

Politik als Kulturlosigkeit?

Allerdings kommen von unseriösen Angriffen betroffene Politiker nicht unschuldig zum Handkuss. Ihre Parteien reihen eine Negativkampagne an die andere. Der genannte ÖVP-Wahlkampfleiter Reinhold Lopatka wurde von der Konkurrenz Giftmischer genannt, um seinerseits das SPÖ-Pendant Norbert Darabos als Suder-Bertl zu bezeichnen. Dessen Amtskollegin und jetzige Ministerin Doris Bures war eine Jammer-Dorli.

Den politischen Akteuren sei ins Stammbuch geschrieben, dass ein Beschimpfen der jeweiligen Konkurrenz selten Erfolg verspricht. Es ist vielmehr unvernünftig, dass selbst ernannte Aktivisten aller Parteien durch Schimpftiraden auf die Konkurrenz den eigenen Kandidaten helfen möchten. Gut gemeint ist das Gegenteil von gut. Wenn jemand auf das Übelste beflegelt wird, macht ihn das nicht unbeliebt. Im Gegenteil sind Solidarisierungs- und Mitleidseffekte nicht auszuschließen.

Denken Sie an ein normales Gespräch unter Freunden beim Abendessen, bei dem ein ihnen bisher nicht aufgefallener Gast plötzlich von ein paar Rüpeln mit ordinärsten Ausdrücken beflegelt wird. Wer ist Ihnen unsympathischer: der Beschimpfte oder die wüsten Schimpfer? Vermutlich Zweitere, weil sie sämtliche Anstands- und Benimmregeln verletzen. In der Politik wird zumindest jene Gruppierung, der die Schlammballwerfer zugeordnet werden, für viele Zuhörer ebenfalls unwählbar. Was nicht Sinn der Sache ist.

Dem Volk hilft es auf keinen Fall, wenn es die Volksvertreter scharenweise mit Idiotentiteln versieht. Leider beschränken sogar Politikinteressierte mit überparteilichem Anspruch ihre Einwände häufig auf die Borstenfrisur von Bundeskanzler Alfred Gusenbauer oder die Schmallippigkeit seines Amtsvorgängers Wolfgang Schüssel.

Medien können sich nicht rühmen, frei von Schuld zu sein. Schließlich sind Politiker als Dolme der Woche oder »Heros und Zeros« nicht immer inhaltlich gut begründet. Wenigstens deren Untermalung mit einem möglichst unvorteilhaften Schnappschuss der Marke Mörderfoto ist kein Sachargument.

Der Reiz zum Spotten ist zugegeben vorhanden. Wenn ich Vorträge halte, sind die größten Lacher bei zynischen Nebensätzen über Politiker und Parteien vorprogrammiert. Ziehe ich diese so richtig durch den Kakao, habe ich oft sowohl mein sprachliches Niveau verlassen als auch den meisten Beifall sicher. Da kann das Publikum aus Generaldirektoren oder Top-Journalisten bestehen, ganz egal.

Nur Journalisten selbst zum Objekt schlechter Scherze und billiger Wortspiele zu machen, das lasse ich lieber. Deren Revanche ist aufgrund ihrer Breitenwirkung gefährlich. Politiker können sich meistens nur gegenseitig schlecht machen. Ist deshalb die politische Kultur in Österreich besonders schlimm?

Michael Graff, Generalsekretär der ÖVP, behauptete 1986: »Österreich hat keine politische Kultur!« Der Satz beweist genauso wie das bisher Gesagte vor allem, dass in der öffentlichen Auseinandersetzung dem jeweiligen Gegner oft ein Mangel an einer solchen Kultur unterstellt wird. Seitens der Parteien und Politiker sind wechselseitige Vorwürfe der Stillosigkeit oder von schlechten Umgangsformen an der Tagesordnung.

Graff selbst musste nach einer antisemitischen Entgleisung zurücktreten. Er hatte Kurt Waldheim und dessen Umgang mit seiner Vergangenheit im Zweiten Weltkrieg wörtlich so verteidigt, dass der Bundespräsident nicht sechs Juden eigenhändig erwürgt hätte. Als ob man erst in diesem Fall Kritik am Verhalten eines Menschen gegenüber jüdischen Mitbürgern üben dürfte.

Was politische Kultur ist

Derartige Untergriffe und der Alltagsgebrauch des Begriffs einer politischen Kultur unterscheiden sich von der wissenschaftlichen Erklärung. In Wahrheit geht es um Meinungen, Einstellungen und Werte einer Gesellschaft. Meinungen sind von der jeweiligen Situation abhängige Äußerungen und daher sehr spontan und emotional. Dementsprechend häufig kommen Meinungswechsel vor. Typisch sind Ansichten zu aktuellen politischen Ereignissen, etwa für oder gegen

Tempo 100 auf unseren Autobahnen. So wichtig diese Frage für den Einzelnen im Moment sein mag, wird dadurch im Regelfall nicht die politische Kultur des Landes verändert.

Die österreichische Demokratie hält es auch mit Leichtigkeit aus, ob eine Mehrheit von der Regierung beschlossenen Studiengebühren zustimmt oder sie ablehnt. Dasselbe gilt ungeachtet der Parlamentsentscheidungen für den Ankauf von Abfangjägern, den Bau von Straßentunneln oder den zu bezahlenden Steuersatz. Letzterer gilt ohnedies immer als zu hoch. Sogar radikale Auffassungen, dass etwa viel zu viele Ausländer in Österreich leben würden und sofort abzuschieben wären, führen zunächst nicht dazu, dass der Staat in Frage gestellt wird.

Durch die laufende Veränderung von Meinungen sowie der von der Politik enttäuschten Erwartungen kann es allerdings zu einem Einstellungswechsel kommen. Verstärkt sich zum Beispiel das Gefühl, dass »die da oben sowieso machen, was sie wollen«, wird womöglich die Wahlbeteiligung sinken. Wenn immer mehr Österreicher glauben, dass »die Regierung sich nicht um einfache Menschen wie mich kümmert«, bewirkt das wahrscheinlich ein geringeres Vertrauen in politische Institutionen. Denken zu viele, dass es »auf meine Meinung sowieso nicht ankommt«, leidet die Zufriedenheit mit dem politischen System. Dadurch ist eine Demokratie noch nicht in Gefahr, sie verliert jedoch an Qualität.

Gefährlich wird es, wenn solche Einstellungen einen Wertewandel auslösen. Werte sind der grundsätzliche Maßstab politischen Handelns und im Regelfall sehr stabil. Selbst Unverständnis und Ärger über ein Gerichtsurteil werden normalerweise nicht sofort zu einem völligen Vertrauensverlust in die Justiz führen. Doch ist die Anerkennung der politischen Unabhängigkeit von Richtern ein Grundwert jeder modernen Demokratie.

Akzeptiert daher der Kärntner Landeshauptmann Jörg Haider Urteile des Höchstgerichtes über zweisprachige Ortstafeln nicht und reagiert mit politischen Angriffen auf den Verfassungsgerichtshof, so spielt er mit dem Feuer. Als Haider den Gerichtspräsidenten Ludwig Adamovich aufgrund seines Namens angriff und nach einer Aufenthaltsbewilligung in Österreich fragen wollte, war das nicht bloß ein unappetitliches Spiel mit der Fremdenfeindlichkeit. Es bedeutete zugleich das Untergraben von allgemein anerkannten Werten. Haiders Landesrat Gerhard Dörfler stellte den Urteilen gar das »gesunde Volksempfinden« als bessere Regel gegenüber. Das hatten mit derselben Sprache zuletzt die Nazis getan, um ihren Unrechtstaat zu rechtfertigen.

Die Anerkennung der Menschenwürde oder von Freiheit und Gleichheit jedes Menschen sind gleichfalls Grundwerte. Dazu zählen außerdem Toleranz und vieles mehr. In Demokratien ist das meiste davon ausdrücklich oder zwischen den Zeilen in jeder Verfassung nachzulesen. Mit der Umsetzung im politischen Alltag haben rechtliche Minimalgarantien wenig zu tun. Politische Kultur ist daher die subjektive Dimension von Politik, wie ich etwas sehe oder sehen will. Nicht, wie etwas objektiv ist oder sein soll.

Politische Sozialisation

Wie kommen wir zu unseren Meinungen, Einstellungen und Werten? Politische Kultur entsteht bewusst oder unbewusst. Die Politik versucht eine Wertevermittlung durch Staatsbürgerkunde oder politische Bildung in der Schule und Erwachsenenbildung zu erreichen. Wer als Ausländer in Österreich leben und die Staatsbürgerschaft erhalten will, muss einen Aufnahmetest bestehen. Darin finden sich Fragen vom Frauenwahlrecht bis zum sommerlichen Wohnort Maria Theresias.

Hinzu kommt eine Vermittlung bestimmter Werte in der Familie und im sonstigen privaten oder beruflichen Umfeld. Nicht umsonst wird davon gesprochen, dass jemand in gute oder schlechte Gesellschaft geraten ist. Der Freundeskreis und Cliquen können politische Ansichten genauso prägen wie Parteien oder Religionsgemeinschaften. Der Staat und seine Institutionen haben da manchmal nur ergänzenden Einfluss.

Trotzdem ist die bewusste Förderung einer politischen Kultur notwendig. In der Bundesrepublik Deutschland erfolgte durch Programme der politischen Bildung seitens der Alliierten nach 1945 eine systematische Neuorientierung des politischen Bewusstseins und Verhaltens. Nachdem ganze Generationen der Propagandamaschinerie der Nazis unterworfen gewesen waren, war eine politische Resozialisierung erforderlich.

In Österreich geschah das, weil – vor allem im Selbstverständnis – als erstes Opfer Nazideutschlands gesehen, nicht. Das ist ein Grund für viele Probleme in der Vergangenheitsbewältigung und nicht zuletzt für den geringen Stellenwert der politischen Bildung in unserem Land.

Die typischen Merkmale der politischen Kultur in Österreich werden vor allem durch den Vergleich von Meinungsumfragen gemessen. Wobei sich nicht alles in Zahlen ausdrücken lässt. Aus nahe liegenden Gründen wird sich bei der Fragestellung »Sind Sie ein Rassist?« fast niemand im Brustton der Überzeugung als solcher bezeichnen.

Auch bei weniger plumpen Formulierungen gibt es das Phänomen der sozial erwünschten Antworten. Wenn angesichts der österreichischen Vergangenheit kaum jemand offen sagt, den Juden die Schuld an etwas zu geben, bedeutet das nicht, dass es keinen Antisemitismus mehr gibt.

Politische Kulturen sind meistens historisch erklärbar. Die Geschichte Österreichs, von der Monarchie bis zum widerstandslosen Anschluss an Nazideutschland, zeigt sowohl eine Untertanenmentalität als auch den Wunsch nach einer möglichst friedlichen Konfliktbereinigung bis hin zur totalen Anpassung. Man arrangiert sich.

Im Gegensatz dazu wurden etwa im ehemaligen Jugoslawien Konflikte gewaltsamer ausgetragen, was sich anhand des Partisanenkampfs im Zweiten Weltkrieg und des Zerfalls in Teilstaaten in den letzten Jahrzehnten feststellen lässt.

Der Beamtenstaat

Die These der Rolle von Untertanen könnte mit der Tradition des heimischen Berufsbeamtentums seit Josef II. – er regierte von 1780 bis 1790 – und der im internationalen Vergleich bei uns stets sehr hohen Beamtenzahl sowie aufgrund des Obrigkeitsdenkens gegenüber Verwaltungsbehörden belegt werden. Böse Zungen behaupten, dass Elisabeth Gehrers – sie war von 1995 bis 2006 Ministerin – Probleme im Bildungsressort begannen, als sie es leiten musste. Der Schattenminister Peter Mahringer, allmächtiger Vorsteher ihres Büros sowie der Sektion für Personal und Budget, war 2003 verstorben.

In der BBC-Fernsehserie »Yes, Minister« wurde dem fiktiven James Hacker eine Sache schonungslos klargemacht: Es ist letztlich egal, wer unter den höchsten Beamten als Minister dient. Sogar vergleichsweise kleine Abteilungsleiter verfügen über große Macht. Ihre wirksamste Taktik ist nicht gegen etwas zu sein, sondern die Dinge endlos zu verzögern. Was auf dasselbe hinausläuft.

Das Bild vom weisungsgebundenen Berufsbeamten und den Regierungsmitgliedern als Laienbeamten ist mehr als ungenau. Dass in Österreich das Prinzip der Gewaltenteilung gilt, ist formal richtig. Die Verfassungswirklichkeit hat mit Charles de Montesquieu und dessen Theorie von den drei getrennten Staatsgewalten weniger zu tun. Verfügen Regierungsparteien über eine Mehrheit im Parlament, kommt es zur Gewaltenfusion von Gesetzgebung und Verwaltung. Entscheidungen über Gesetze werden in Wahrheit über Regierungsvorlagen im Ministerrat getroffen. Debatte und Abstimmung im Plenum des Nationalrats sind bloß Formsache.

Jedes Gesetz beginnt daher mit Referentenentwürfen der Ministerien. Diese verfügen über zahlreiche legistische Abteilungen. Scharen von Beamten, die sich wahrscheinlich als Teil der Verwaltung sehen und es formal sind, sorgen in Wahrheit als Teil der Regierungsarbeit für das Entstehen von Gesetzen. Ich weiß übrigens, wovon ich spreche, da ich am Beginn meiner beruflichen Tätigkeit in einem Ministerium arbeitete.

Theoretisch könnten Spitzenbeamte sogar offiziell Teil der Regierung werden. Zumindest wird bei schwierigen Koalitionsverhandlungen stets auf die Option eines Beamtenkabinetts hingewiesen. Nach der Verfassung darf der Bundespräsident jederzeit ein solches angeloben. Vielleicht hätte es eine längere Lebensdauer als die Minderheitsregierung irgendeiner Partei. Müssen nach Nationalratswahlen und bis zur Bildung einer neuen Koalition unbedingt die bisherigen Regierungsmitglieder weitermachen? Es ist kein Staatsnotstand, wenn Beamte provisorisch die Geschäfte führen.

Das Klischee vom Ärmel schonenden und weltfremden Schreibtischtäter ist fest im Volksmund verankert. In der Tat ist interessant, was Beamte in Zeiten einer Interimsregierung machen. Es muss nicht Faulheit sein, wenn Freude aufkommt, dass man vom scheidenden Minister in Ruhe gelassen wird. Endlich bedürfen sachbezogene Initiativen im Kleinen nicht der politischen Genehmigung. Gleichzeitig versucht man sich so für den potenziellen Nachfolger in die bestmögliche Stellung zu bringen.

Unklar ist, ob Beamte oder auch wissenschaftliche Experten gut regieren. Das Selbstverständnis vieler Beamter widerspricht dem politischen Anspruch, eine Gesellschaft gestalten zu wollen. Hans Tuppy wiederum war als Naturwissenschaftler knapp vor dem Nobelpreis und von 1987 bis 1989 trotzdem kein genialer Wissenschaftsminister. Ich habe eine Beamten- und Wissenschaftlervergangenheit und könnte es womöglich doppelt nicht.

Ob eine Beamtenregierung in der öffentlichen Meinung mehr Zustimmung als eine abgewählte Regierung findet, ist noch ungewisser. In der Meinungsforschung ist das Gefühl nachweisbar, dass das Leben der Menschen im öffentlichen Bereich und im Privatsektor zunehmend voneinander abgeschottet ist. Verstärkt wird eine Konfliktlinie empfunden, die Beamte zu Feindbildern der Nicht-Beamten macht.

Wer morgen gekündigt werden kann, sieht ungern ein, dass andere unkündbar sind. Vom Klischee, dass um 16 Uhr der Bleistift fällt, ganz zu schweigen. Im Gegenzug verstehen Staatsdiener nicht, dass Dinge frei gestaltet werden können, auf die sie keinen Einfluss haben. Ordnung muss sein. Eine Gemeinsamkeit wäre höchstens das da wie dort geringe Gehalt.

Ab 2007 erhalten übrigens 450.000 Beamte 2,35 Prozent mehr Gehalt. Einigung und Gesetzesbeschluss erfolgten nach der Nationalratswahl trotz provisorischer Regierung ohne Parlamentsmehrheit in Rekordzeit. Offenbar steht im schärfsten Parteienstreit fest, dass weder rote noch schwarze Minister eine Front mit der Bürokratie riskieren wollen.

Verfassung und Verfassungswirklichkeit

Wunschdenken und Tatsachen liegen in der Politik oft auseinander. Die politische Kultur jenseits des Beamtentums sollte Anlass sein, sich daran zu erinnern. Vor allem, weil große Koalitionen eine besondere politische Realität bedeuten. Sie entsprechen kaum der Vorstellung einer wechselseitigen Kontrolle der Staatsorgane.

Liest etwa ein landesunkundiger Rechtsexperte unsere Verfassung im Wortlaut, würde er Österreich als semi-präsidentielles System einstufen. Der Bundespräsident hat formal weit reichende Kompetenzen. Doch wissen wir, dass die Mehrheitsverhältnisse der Parteien über Macht und Ohnmacht entscheiden.

Thomas Klestil lässt grüßen. Sein kläglicher Versuch, sich 1999/2000 gegen eine Koalition von ÖVP und FPÖ zu wehren, ist Geschichte. Letztlich musste er sie akzeptieren und machte sich mit versteinertem Gesichtsausdruck mehr lächerlich, als dass er politisch geschickt agierte. Auch Heinz Fischer hätte eine schwarz-blau-orange Regierung anzugeloben, falls sich ÖVP, FPÖ und BZÖ darauf einigen. Unser politisches System ermöglicht einen fliegenden Regierungswechsel. Beim Fortbestand der SPÖ-ÖVP-Koalition hingegen hat Fischer bis 2010 außer würdigen Leermeldungen nichts mehr zu sagen.

In Wirklichkeit handelt es sich in Österreich um eine pseudo-parlamentarische Parteiendemokratie. Generationen von Schulkindern und Studierenden lernen die angesprochene Gewaltenteilung nach Montesquieu. Realpolitisch ist das blanker Unsinn. Höchstens die Justiz bemüht sich noch um Eigenständigkeit. Zur Fusion von Regierung und Parlament – mit klaren Machtvorteilen für den Regierungsapparat, Nationalrat und Bundesrat verkommen zur Abstimmungsmaschinerie – können die Großkoalitionäre SPÖ und ÖVP mittels Zweidrittelmehrheit sogar die Verfassungsgerichtsbarkeit als Regulativ umgehen.

Gesetze werden zudem im vorparlamentarischen Raum der Sozialpartner akkordiert. Trotz seiner Ausschüsse ist der Nationalrat bestenfalls eine Mischform von Arbeits- und Redeparlament. Die Unterscheidung stammt vom Politikwissenschaftler Winfried Steffani. Er differenzierte Parlamente als Ort inhaltlicher Tätigkeit oder als Arena sprachlicher Auseinandersetzung. Häufig dominiert der pure Theaterdonner.

Theoretisch hat sogar der österreichische Bundeskanzler kaum Kompetenzen. In der Regierung als Kollegialorgan ist er lediglich *primus inter pares*. Er verfügt anders als sein Amtskollege in Deutschland über keine Richtlinienkompetenz. Von Weisungsrechten ganz zu schweigen. Es gilt das Prinzip der Ressortverantwortlichkeit. Das heißt, jeder Minister regiert seinen Fachbereich autonom. Höchstens der Finanzminister kann ihn stoppen, wenn er den Geldhahn zudreht. Das Amt des Vizekanzlers ist nach der Verfassung nicht einmal vorgeschrieben.

Als Wolfgang Schüssel den Beinamen Schweigekanzler bekam, war das vom politischen Gegner als Spott gemeint. Im Grunde handelte es sich um ein ungewolltes Kompliment. Infolge ihrer geringen Befugnisse sind Bundeskanzler gut beraten, sich nicht als Zwischenrufer der Alltagspolitik zu betätigen. Die Rache der Journalisten ist das Archiv. Schüssel wäre nach wenigen Wochen gnadenlos befragt worden, warum dieser oder jener Minister der kanzlerischen Ankündigungspolitik nicht Taten folgen lässt.

Selbst in einer Alleinregierung kann unabhängig von der Parteifarbe kein Bundeskanzler die Umsetzung seiner Pläne erzwingen. Schon gar nicht in einer Koalition. Noch viel weniger, wenn der blau-orange Partner völlig unberechenbar ist, wie es bei FPÖ und BZÖ der Fall war.

Natürlich haben Kanzler Alfred Gusenbauer und Vizekanzler Wilhelm Molterer in der aktuellen Großkoalition in Wirklichkeit doch eine enorme Machtfülle. Im Prinzip können sie nur einander blockieren. Ansonsten bestimmen sie nahezu alles, allerdings aufgrund ihrer Stellung als Partei- und nicht so sehr als Regierungschefs.

Regierungen werden ernannt, wo bleiben demnach die Nationalratsabgeordneten als gewählte Volksvertreter? Die angesprochene Arena- oder Tribünenfunktion des Parlaments für Rede und Widerrede ist nichts Schlechtes oder Minderwertiges. Demokratien benötigen einen Ort, an dem für alle sichtbar und nachvollziehbar politische Argumente ausgetauscht werden. Inhaltlich Entscheidendes wird hingegen nicht im Plenum, sondern – wenn überhaupt auf parlamentarischer Ebene – in den grundsätzlich nicht öffentlichen Ausschüssen und von den Klubs der Parteien geleistet.

Ohne einen nennenswerten Stab ist Abgeordneten eine Sacharbeit technisch unmöglich. Ein mächtiger Senator in den USA hat 30 und mehr gut bezahlte Mitarbeiter. Nationalräte in Österreich verfügen über zwei finanziell ausgebeutete Halbtagskräfte. Man braucht daher den Klub und die dahinterstehende Partei.

Der Klubzwang in allen Abstimmungen, beschönigend als freiwillige Fraktionsdisziplin umschrieben, ist eine logische Folge. Auch wenn dies Artikel 51 der Bundesverfassung in Österreich widerspricht. Da ist vom freien Mandat die Rede.

Am Auseinanderklaffen von Verfassung und Realpolitik ist freilich nichts Ungewöhnliches. Wir sollten es nur wissen. Bundesräte sind übrigens fast im doppelten Sinn unfrei, nämlich durch ihre Bindung an das Land und die Partei zugleich. Allein infolge der verschwindenden Bedeutung der zweiten Kammer des Parlaments fällt es weniger auf.

Bund und Land

Arbeitet man wie ich seit mehr als zehn Jahren an unterschiedlichen Landesuniversitäten, empfiehlt es sich, das ungefragt zu betonen und den Bund je nach Parteifarbe rechts oder links liegen zu lassen. Anders herum sehen das Landesherren gar nicht gern. Österreich ist eine föderalistische Republik, die aus neun Bundesländern besteht. Jedes davon hat einen Landtag, mit Ausnahme Wiens haben alle hunderte Gemeinden und Gemeinderäte, die sich für um nichts weniger wichtig halten.

Nach der Wahl ist daher stets vor der Wahl. Plangemäß findet der nächste Urnengang nach einer Nationalratswahl nicht wiederum auf Bundesebene statt. Davor sind bis zu neun Landtagswahlkämpfe zu schlagen. Manchmal sind sogar Superwahltage mit gleichzeitigen Wahlen im Bund und mehreren Ländern denkbar.

Dafür bringen sich Landespolitiker aller Parteifarben laufend in Stellung. Regionale Wahlergebnisse hängen nicht zuletzt von der Stimmungslage im Bund und ihrem Verhältnis zu diesem ab. Das Erfolgsrezept ist denkbar einfach. In der *Tiroler Tageszeitung* wurde es einmal als Nestbeschmutzung bezeichnet. Für jedwedes Ungemach ist der Ballhausplatz als Regierungssitz im bösen Wien verantwortlich. Alle Leistungen werden dem Bürger von den Landesfürsten weitergegeben. Zusätzlich empfehlen sich – siehe das Transitthema in Tirol – ein paar populistische Tiraden gegen Brüssel.

»Wenn morgen der Wörthersee zufriert, plakatiert Jörg Haider, das wäre eine Initiative des Landeshauptmanns!«, klagte 2004 SPÖ-Spitzenkandidat Peter Ambrozy im kärntnerischen Wahlkampf. Ein angeblicher Parteifreund verpasste ihm später in einem »Zeit im Bild 2«-Interview den fragwürdigen Ehrentitel eines Karawankenbären, der kein schlechteres Ergebnis erzielt hätte.

Doch hat Ambrozy die Strategie jedes Amtsinhabers auf den Punkt gebracht. Auch ohne Wörthersee und außerhalb Kärntens bezeichnet ein Landeshauptmann es als Eigenleistung, wenn im Interesse des Tourismus die Sonne scheint, zu Gunsten der Landwirtschaft Regen vom Himmel prasselt oder es im Sinn der Volksgesundheit weder heiß noch nass ist.

Vom Wetter bis zum weltwirtschaftlichen Aufschwung beanspruchen Landeshauptleute alles für sich. Läuft etwas schief, waren nicht Petrus oder die Großkonzerne schuld, sondern der Bundeskanzler. Bis 2006 Wolfgang Schüssel und seit 2007 Alfred Gusenbauer, da sind sich rote und schwarze Länder zu jeder Zeit einig gewesen. Das führt zur spannenden Frage, wem eine SPÖ-/ÖVP-Koalition, die es von 1986 bis 1999 gab und seit 2007 gibt, im Land wahlstrategisch nutzt oder schadet.

So gilt Erwin Pröll als überzeugter Großkoalitionär, doch für den niederösterreichischen Wahlkampf hätte er lieber eine Minderheitsregierung der SPÖ gehabt. Für die Herren Josef Pühringer, Herwig van Staa und Herbert Sausgruber als ÖVP-Vertreter gilt dasselbe. Das Schimpfen auf die Wiener Steuereintreiber und die eigene Positionierung als Schutzherr der armen Opfer des Sheriffs von Nottingham wäre eine Freude gewesen. Jeden mit Bundesgeld gebauten Asphaltkilometer hätte das Land trotzdem feierlich eröffnet. Pech gehabt, dass die eigene Partei ÖVP es in die Regierung geschafft hat.

Genauso schlecht ist es für Gabi Burgstaller, Michael Häupl, Hans Niessl und Franz Voves als Landeshauptleute der SPÖ. Die fetten Jahre des Verteufelns der Bundesregierung endeten 2007 mit dem Amtsantritt ihres Parteikollegen Alfred Gusenbauer.

Frohlocken darf der einzige BZÖ-Vertreter unter den regionalen Fürsten. Er kann sein Robin-Hood-Image bedienen und die Bundesparteien von SPÖ und ÖVP als Verkörperung der Hölle darstellen. Kollektivschuld für die jeweilige Landespartei inklusive. Allerdings hat Jörg Haider selbst das Spiel perfektioniert, als seine blau-orange Partei Krisenherd der Regierung war. 2004 sowohl den Amtsinhaberbonus zu nutzen als auch einen Oppositionswahlkampf gegen Wien zu führen, das muss man ihm erst einmal nachmachen.

Regionalstolz und provinzielle Macht

Folgerichtig können auch SPÖ-Landeshauptleute eine Anti-Position zu ihrem Bundeskanzler einnehmen. Zu Jahresbeginn 2007 lieferte der Steirer Franz Voves Kabarettszenen vor laufender Kamera, als er der Journalistenschar seinen Ärger über Gusenbauer demonstrierte. Sein sinngemäßer Protest »So geht niemand mit mir und uns Steirern um. Nicht einmal der Papst und schon gar nicht der Kanzler!« war jedoch in der grünen Mark mehrheitsfähig. Es fehlte gerade noch der Hinweis, dass Steirerblut kein Himbeersaft wäre. Der Regionalstolz ist jedenfalls ein Schlüsselfaktor für Erfolge bei Landtagswahlen. Nicht umsonst kursiert südlich von Kufstein den Spruch: »Bischt a Tirola, bischt a Mensch. Bischt koa Tiroler, bischt a A…!«

In Kärnten ist das überhöhte Landesbewusstsein, das es überall gibt, mit einem tief sitzenden Minderwertigkeitskomplex verbunden. Im Gegensatz zum extremen Selbstbewusstsein etwa der Tiroler fühlt man sich irgendwie benachteiligt und zurückgeblieben. Was mit einem besonders energischen Protest gegen politische Meinungen von jenseits des Packsattels und Katschbergs überkompensiert wird. Das macht es möglich, dass Kärnten anders ist. Nicht nur auf den Ortstafeln, sondern vielleicht weil ein zugewanderter Oberösterreicher sich lange als Landeshauptmann hält.

Weil auf uns laufend Landtagswahlen zukommen, ergibt sich jedenfalls für jede Bundesregierung ein riesiges Dilemma. Im Sinn des Föderalismus kooperieren können Bund und Land bestenfalls für kurze Zeit. Dann dominiert auf Länderseite die Wahlkampflogik über die Gesprächsbereitschaft. Das Zeitfenster für konstruktive Regierungsarbeit ist verdammt klein. Irgendwo ist immer eine Landtagswahl.

Die gewählten Landtage entsenden übrigens anteilig nach der Bevölkerungsgröße Vertreter in den Bundesrat. Kein Wunder, dass wir da eine zunehmende Distanz zwischen politischen Eliten und Bürgern empfinden. Durch das Listenwahlrecht kennen wir bereits den Zweit- oder Drittgereihten auf der Landesliste der gewählten Partei kaum. Versuchen Sie sich zu erinnern, wer das bei Ihrer Lieblingspartei 2006 war. Keine Ahnung? Trösten Sie sich, die meisten Österreicher kennen namentlich ganz wenige Nationalräte.

Noch diffuser wird das Ganze, wenn wir eine Parteiliste mit ebenso vielen Unbekannten für den Landtag wählen. Dieser schickt dann Bundesräte entsprechend dem Stimmverhältnis der Parteien, von denen wir vorher absolut nichts wussten, nach Wien. Mangels Kompetenzen weiß keiner von uns so wirklich, was sie dort tun. Diskussionen, ob der Bundesrat oder gar die Bundesländer abzuschaffen sind, sind trotzdem ein Tabu. Eine heilige Kuh, die keiner schlachten darf.

Als 2005 in Österreich ein Konvent tagte, der unsere Verfassung reformieren sollte, wurde das Grundprinzip des Föderalismus von Anfang an außer Streit gestellt. Dabei ist der Föderalismus in Österreich verfassungsrechtlich nicht einmal besonders stark ausgeprägt. Viele Ländervertreter klagen in stillen Stunden, dass ohnehin alles in Wien oder Brüssel entschieden werde. Man müsse sich mit der Regelung des Jugendschutzes und anderen Brosamen begnügen.

So stimmt das natürlich nicht, doch hat das Leid der wenigen Zuständigkeiten einen wahren Kern. In Deutschland etwa ist der Bildungs- und Kulturbereich fast ausschließlich Ländersache. In der

Schweiz sind für alles zunächst kommunale Körperschaften verantwortlich. Erst im Fall eines übergeordneten Koordinationsbedarfs, etwa wenn Gemeindestraßen anstatt sich zu treffen an der Grenze mit einem Kilometer Abstand voneinander im Nirgendwo enden würden, beginnt die Zuständigkeit der Kantone. Nur wenn diese etwas nicht ausreichend regeln können, darf der Bund an die Sache heran.

In der US-Verfassung sind ganz wenige nationale Aufgaben festgelegt. Alles andere ist automatisch den Einzelstaaten überlassen. In den Konföderationsartikeln waren sogar das Währungssystem und das Militär Ländersache. Was dazu führte, dass jedes Geldgeschäft über Ländergrenzen zum wirtschaftspolitischen Abenteuer wurde und man plötzlich über ein stehendes Heer von höchst bescheidenen 80 Mann verfügte. Da sind die Kompetenzartikel in unserer Verfassung vergleichsweise harmlos.

Politische Identität und eine geteilte Nation?

Ganz so selbstverständlich ist der beschriebene Regionalstolz nicht. Die Frage nach der politischen Identität ist nicht einfach zu beantworten. Ich arbeite an der Donau-Universität in Krems, wohne in Wien, fahre beruflich laufend durch alle Bundesländer, bezeichne mich als Befürworter der Europäischen Union und habe für einige Zeit in den USA gelebt. Sind wir Gemeindebürger, Landesbürger, Österreicher, EU-ropäer oder Weltbürger?

Während jeweils rund 95 oder mehr Prozent sich ihrem lokalen, regionalen oder nationalen Umfeld verbunden fühlen, fehlt es Österreichern weitgehend an einem europäischen Selbstbild. Ein Drittel gibt an, zur EU überhaupt keinen Bezug zu haben. Offensichtlich ist, dass es politisch keine geografisch eindeutig zuordenbare Identität gibt, sondern sich jemand gleichermaßen und gleichzeitig als Kremser, Wiener und Österreicher sowie Europäer verstehen kann.

Genauso jedoch zeigt nicht zuletzt die Debatte um den EU-Beitritt der Türkei, dass keine Identität umhinkommt, Grenzen zu ziehen, das heißt festzulegen, wer dazugehört und wer nicht. Drückt man sich vor solchen Entscheidungen nicht, haben politische Gemeinschaften mit Identitätsproblemen zu kämpfen.

Auf allen Ebenen von der Gemeinde bis zur EU braucht es für ein Gemeinschaftsgefühl den angesprochenen Wertekonsens, der über Parteigrenzen hinweg gelten muss. Während wir diesbezüglich in den USA im 21. Jahrhundert eine tief greifende Polarisierung beobachtet und kommentiert haben, sind bei uns ähnliche Gräben entstanden. Belegbar ist das beispielhaft durch Wortspenden aus Parteiveranstaltungen und Internetforen nach der Nationalratswahl 2006.

Nicht etwa kurz davor oder am Tag danach, sondern Wochen später. Es geht demnach nicht um Ausrutscher im Wahlkampf. In diesem wären als »Zeit fokussierter Unintelligenz« (Wiens Bürgermeister Michael Häupl) verbale Entgleisungen ja zu verstehen. Auch laute Töne als Überschwang der Freude oder infolge blanken Entsetzens am Wahlabend sind einsehbar. Doch viele Tage nach dem 1. Oktober trompeten SPÖ-Anhänger, »sechs Sch…-Jahre einer rechtsradikalen Regierung« erlebt zu haben. Die ÖVP verkörpere den »Inbegriff der Grauslichkeit«. Für den Fall von einer schwarz-blau-orangen Regierung werden »bürgerkriegsähnliche Zustände« angedroht.

Umgekehrt nennen ÖVP-Sympathisanten Mitte Oktober die Gegenseite eine »links-linke rote Schickeria« und »Betonköpfe mit Bunkermentalität«. Sie hätten »fettes BAWAG-Fleisch gefressen« und würden »niederträchtigste Goebbels-Methoden« anwenden.

Zugegeben, es handelt sich hier um eine subjektive Zitatauswahl. Oft ist unklar, was von organisierten Nachwahlkämpfern, Möchtegern-Parteistrategen von eigenen Gnaden und/oder ehrlich empörten Bürgern stammt. Die persönliche Meinung ist außerdem auch für jemanden mit parallelen Identitäten frei.

Allerdings sind sämtliche Aussagen nachweisbar. Zugleich machte das Wahlergebnis eine SPÖ/ÖVP-Koalition zur einzig sinnvollen Regierungsform. Wie soll das funktionieren? Obwohl beide Seiten sogar Vergleiche mit Engelbert Dollfuß bis Josef Stalin auspacken, wären Verknüpfungen mit dem vorigen Jahrhundert unpassend. Doch fühlt man sich wirklich an die USA erinnert. George W. Bush hatte dort unter den Republikanern lange Popularitätswerte ähnlich jenen von

Ronald Reagan zu dessen Glanzzeit. Bei den Demokraten war er stets unbeliebter als Richard Nixon am Höhepunkt des Watergate-Skandals.

Mit Wolfgang Schüssel und Alfred Gusenbauer verhält es sich ähnlich. Für SPÖ-Aktivisten ist der frühere Bundeskanzler ein machtgeiler Diktator. Sein Nachfolger wird von Agitatoren der ÖVP als leibhaftiger Gottseibeiuns gesehen. Das Problem sind nicht knappe Mehrheiten, sondern damit verbundene Klüfte. Der alpenländische Grundkonsens von Großkoalitionären scheint Vergangenheit zu sein.

Das hat Vorteile, weil das Gefühl, dass rot-schwarze Einheitsregierungen ohnedies alles über die Köpfe der Bevölkerung hinweg entscheiden und sich in trauter Zweisamkeit das Land aufteilen, demokratiefeindlich war. Steuern wir jedoch auf amerikanische Verhältnisse einer politischen Spaltung zu? Nein, weil unter den Wählern das Harmoniebedürfnis steigt. Der Stammwähleranteil sinkt nicht zuletzt, weil die Leute keinen gesellschaftlichen Richtungsstreit empfinden. Auch das relative Desinteresse am Wahlkampf trotz Medien- und Parteienhysterie zeigte das Konsens- statt Konfliktdenken der Mehrheit.

Eine große Koalition ist trotzdem schwierig, weil für die Minderheit von Parteimenschen seit 1999/2000 das Lagerdenken eine Renaissance erlebt. Faszinierend ist, dass nicht Altfunktionäre den Lagern anhängen, sondern die Parteijugend. Ich bekam beispielsweise von parteiischen Teenagern als 40-Jähriger vor Kurzem erklärt, dass nur ein paar Uralte sich eine große Koalition wünschen. Die jungen SPÖ-ler und ÖVP-ler würden einander »wie die Pest hassen«. Deren Parteichefs müssen weniger ihre Funktionärsspitze von der Notwendigkeit einer rot-schwarzen Koalition überzeugen als ihre Nachwuchshoffnungen. Die Bevölkerung will keine ideologische Teilung der Nation.

Parteienklischees

Jenseits von Ideologien denken allerdings viele in Parteienklischees: Die ÖVP steht für soziale Kälte; die SPÖ kann nicht wirtschaften; die FPÖ agiert extrem rechtspopulistisch, während die Grünen linke

Fundis sind. Solche Slogans sind Parteipropaganda der jeweiligen Gegenseite und könnten als typische Scharmützel abgetan werden.

Als Grundregel für Negativkampagnen gilt jedoch, nichts zu erfinden. Ungleich wirksamer ist es, eine ohnehin schlechte Nachrede des Konkurrenten zu verstärken. Welche der zitierten Klischees haben daher einen realen Hintergrund?

Die beiden Großparteien befinden sich nach Meinung vieler Bürger in einem unfreiwilligen Rennen, ihnen vom Gegner verpasste Etiketten zu bestätigen. An sich ist es unlogisch, der ÖVP als einer der christlichen Soziallehre verpflichteten Partei jedweden Einsatz für gesellschaftlich schlechter gestellte Menschen abzusprechen. Vor lauter Betonung der Wirtschaftskompetenz ist allerdings in Wahlkämpfen das soziale Bewusstsein irgendwo zwischen Wohltätigkeit und Mitleid untergegangen.

Umgekehrt kann die SPÖ als Argument wider die ökonomische Inkompetenz zwar eine Liste von höchst erfolgreichen Managern aus den eigenen Reihen vorlegen – etwa Wolfgang Ruttenstorfer als Ex-Staatssekretär und OMV-Generaldirektor –, doch war der Anlassfall einer Geldvernichtung durch die Gewerkschaft ein neuerlicher Tiefschlag. Ständige Hinweise auf die geglückte Sanierung der Parteifinanzen sind ein genauso zweischneidiges Schwert, denn schließlich muss ja irgendjemand vorher die Schulden gemacht haben.

Das klischeehafte Image von SPÖ und ÖVP wird insofern zum Problem der politischen Kultur, als unsere Einstellungen gegenüber Parteien von Vorurteilen geprägt sind, die gegenüber der persönlich nicht bevorzugten Partei immer schärfer werden.

Konsens- oder Konfliktdemokratie?

Unbestritten ist, dass etwa die USA stärker am Wettbewerb orientiert sind als Österreich. Das zeigt sich gleichermaßen in der Politik und in der Wirtschaft. Das amerikanische Wahlsystem folgt dem »*Winner takes all*«-Prinzip. Der Sieger bekommt das politische Amt. Der Verlierer kriegt nichts, auch wenn sein Rückstand nur eine Stimme betragen sollte. Bei unserem Verhältniswahlrecht werden Mandate anteilig nach Stimmenprozenten vergeben.

In der Wirtschaft glauben die USA an den freien Wettbewerb, wobei eine unsichtbare Hand sowohl den Markt regeln als auch für soziale Gerechtigkeit sorgen würde. Das widerspricht dem Sozialstaatsmodell europäischer Prägung.

Genauso unbestritten ist es allerdings Quatsch, zu meinen, dass die USA eine Konfliktdemokratie wären und Österreich eine Konsensdemokratie, weil dort mehr und da weniger gestritten würde. Eine Wortwahl tief unter der Gürtellinie gibt es in beiden Ländern.

Politikwissenschaftlich ist Österreich eine Konsensdemokratie, weil einerseits unsere Gesellschaft sehr heterogen und andererseits das politische System und seine Eliten dennoch wenig konfliktorientiert sind. Lange Zeit war ein großer Teil der Bürger dem christlich-sozialen, sozialdemokratischen oder nationalen Lager zugehörig, in politischen Parteien organisiert sowie in den jeweiligen sozialen und kulturellen Organisationen integriert.

Unabhängig von dieser Trennung sind jedoch das Regierungssystem und das Wahlrecht dem Konsens verpflichtet. In den Ländern gibt es unverändert zum Teil ein Proporzsystem, das alle Parteien mit einer Mindestzahl von Stimmen an der Regierung beteiligt. Auf Bundesebene macht das Verhältniswahlrecht Koalitionen wahrscheinlicher als Alleinregierungen. Koalitionen mit breiter Basis sollen in Krisenzeiten den politischen Frieden sichern, wie es am Beginn der Zweiten Republik zweifellos notwendig war.

In einer Konfliktdemokratie mit Mehrheitswahlrecht wären zeitaufwändige Kompromisse als kleinster gemeinsamer Nenner selten. Konsensdemokratien beruhen auf dem Prinzip einer fairen Vertretung aller im politischen Prozess. Dafür nehmen sie eine Schwerfälligkeit bei Entscheidungen in Kauf. Statt Kehrtwenden bei jedem Regierungswechsel steigt die Kontinuität der Politik.

Nachdem 1934 die politischen Lager aufeinander geschossen und sich erst unter dem Naziregime in den Konzentrationslagern als gemeinsam Verfolgte angenähert hatten, war man in Österreich gut beraten, anders als in den USA ein Wahlsystem einzuführen, das nicht alle Macht dem Sieger zusprach. Stattdessen sollten möglichst viele Gruppen anteilig in die Volksvertretung hinein. Sogar die Ausweitung des Proporzsystems auf Postenbesetzungen und vieles mehr ist vor diesem Hintergrund zu verstehen. Es gibt lediglich eine Mindestprozentklausel, um die Handlungsfähigkeit von Regierung und Parlament nicht durch Kleinstparteien blockierbar zu machen.

Offen bleibt, ob unser Verhältniswahlrecht mit 70-Prozent-Mehrheiten für eine große Koalition noch zeitgemäß ist. Auch könnte das auf Parteien bezogene Listenwahlrecht vermehrt zu Gunsten von Personenbezügen geschwächt werden. Ein Problem ist, dass Wahlsysteme für leichtfertige Feldexperimente ungeeignet sind. Einfaches Ausprobieren geht daher nicht.

Vor allem jedoch ist das Proporzsystem für Parteien weniger risikoreich als *The loser gets nothing*. Schon gar nicht wollen Parteien ihre eigene Bedeutung mindern. Daher sind kurz- und mittelfristig keine großen Wahlrechtsreformen zu erwarten, selbst wenn ein politischer Kulturwandel es ermöglichen würde.

Demokratiezufriedenheit, Institutionenvertrauen und Nationalstolz

Entscheidende Faktoren einer politischen Kultur sind Lebens- und Demokratiezufriedenheit sowie eine Zufriedenheit mit den Institutionen und Handlungsabläufen eines Staates. Positive Daten dazu und ein hoher Identifikationsgrad mit einem politischen System sind miteinander verbunden. Interessanterweise besteht zwischen dem Vertrauensgrad in Regierungen und der Politikverdrossenheit oder dem Gefühl politischer Ohnmacht nicht zwangsläufig ein umgekehrter Zusammenhang.

Seit 1973 wird in der EU die Lebenszufriedenheit abgefragt. Diese ändert sich bei den Menschen im Zeitverlauf nur wenig. In Summe sind 80 Prozent der EU-ropäer zumindest ziemlich zufrieden. Dahinter verbergen sich jedoch erhebliche Unterschiede zwischen den einzelnen Staaten. Entgegen dem Jammer-Image der Österreicher liegen wir nicht schlecht, nämlich im Mittelfeld, klar hinter den führenden Skandinaviern und weit vor den letztplatzierten Italienern sowie den ebenfalls sehr unzufriedenen Osteuropäern.

Auf das demokratische System in Österreich konkret angesprochen, gibt allerdings oft bis zur Hälfte der wahlberechtigten Bevölkerung an, damit unzufrieden zu sein. Besonders kritisch sind ältere Menschen ab 50 Jahren und Personen mit Pflichtschulabschlüssen. Am zufriedensten sind Jugendliche bis 29 Jahre und Gutgebildete. Nach dem Geschlecht sind tendenziell Frauen unzufriedener. Meinungsumfragen zu unterschiedlichen Zeitpunkten zeigen allerdings auch, dass die Demokratiezufriedenheit im Bereich von plus oder minus zehn Prozentpunkten schwanken kann.

In Österreich sind politische Institutionen relativ jung und daher nicht allzu stabil. Ein 90-jähriger Österreicher erlebte streng genommen sechs unterschiedliche Staatsformen: Monarchie, Deutsch-Österreich, Erste Republik, den Nazistaat, die Besatzungszeit und die Zweite Republik. Generell verfügen Institutionen, die nicht unmittelbar am politischen Wettbewerb beteiligt sind – Gerichte, Polizei, Bundesheer sowie alle Behörden – über das meiste Vertrauen.

2005/06 vertrauten beispielsweise fast drei Viertel der Österreicher der Justiz. Über ähnlich gute Daten verfügt der Bundespräsident. Während der Amtszeit von Kurt Waldheim und Thomas Klestil, die stark in tagespolitische Auseinandersetzungen involviert waren, kam es zu einem Vertrauensverlust, unter dem als neutraler geltenden Heinz Fischer stieg das Vertrauen der Bürger wieder an.

Wettbewerbsorientierte Institutionen (Regierung und Parlament) erscheinen genauso wie Interessengruppen und Medien weniger vertrauenswürdig. Weniger als die Hälfte sprach der Bundesregierung und dem Nationalrat zuletzt in Umfragen das Vertrauen aus. Das Schlusslicht bildeten traditionsgemäß politische Parteien, denen bloß ein Viertel vertraute.

Das im internationalen Vergleich nicht berauschende Institutionenvertrauen in Österreich wird allerdings nicht bloß durch den Regionalstolz, sondern einen noch größeren Nationalstolz ausgeglichen. Dieser ist ein zweischneidiges Schwert. Einerseits fördert er den Zusammenhalt in einem Staat. Fühlt sich niemand als Österreicher, wäre das schlimm. Andererseits besteht die Gefahr des überhöhten Nationalismus.

Grölende Sportfans mit rot-weiß-rot bemalten Gesichtern tun niemandem weh, prügelnde Hooligans schon. Es gilt der Satz des französischen Schriftstellers Romain Gary: »Patriotismus ist Liebe zu den seinen, Nationalismus Hass auf die anderen.«

In Vorträgen bezeichne ich ein bisschen ungenau die USA gerne als Weltmeister in Sachen Nationalstolz. Mehr oder weniger stimmt das, auch wenn in Studien Venezuela und Australien nahe dran oder knapp vorne sind. Ebenfalls unter den Top Ten fanden sich 2005 Südafrika, Kanada, Chile, Neuseeland und Israel. Vor diesen liegt ein einziges europäisches Land und das ist Österreich.

Wir sind sozusagen Europameister. Ansonsten sind die Letzten in der Rangordnung ebenfalls vorwiegend aus Europa. Der Osten Deutschlands bildet sowieso das Schlusslicht. Knapp davor Lettland, Schweden, Slowakei, Polen, der Westen Deutschlands, Taiwan, Frankreich, die Schweiz und Tschechien. Selbst die Franzosen, an denen das Klischee eines übertriebenen Nationalstolzes haftet, liegen damit weit hinter den Österreichern.

Vergleichsdaten von vor zehn Jahren zeigen jedoch, dass auch der nationale Stolz der Österreicher nachlässt. Schließlich lagen wir 1995 noch auf Platz eins der allgemein stolzen Nationen.

V. Tabuthemen und Ängste

Jede Gesellschaft hat ihre Tabuthemen. Meistens sind das Tod, Sex und Geld. Über den Tod spricht man möglichst gar nicht. Beim Sex schwindeln wir. In Geldangelegenheiten wird vieles totgeschwiegen und noch mehr geschummelt. Sogar oder vor allem in der Politik. In Österreich kommen als Tabus die Schrecken der jüngeren Geschichte und moderne Formen der Diskriminierung von Minderheiten dazu.

Unsere Seele schwankt zwischen Verdrängung und Doppelmoral. Dazwischen gibt es vom unfreiwilligen Anschluss an Nazi-Deutschland bis zur Neutralität zahlreiche Mythen, um mit verklärtem Blick ein Land zu sehen, das wir so und nicht anders haben wollen. Zugleich sind hinter den Tabus stehende Ängste das politische Problem. Fremdenfeindlichkeit etwa ist in den meisten Fällen pure Fremdenangst.

Daraus folgt dreierlei. Erstens können Politiker Themenfragen nicht allein durch Sachkompetenz lösen. Was als Lösung gesehen wird, das entscheiden wir aus dem Bauch heraus und nicht anhand von wissenschaftlichen Untersuchungen. Zweitens wäre noch viel mehr politische Bildungsarbeit gefragt, weil – siehe das Beispiel der Fremdenfeindlichkeit – durch sie Tabus gebrochen und Ängste abgebaut werden. Drittens beeinflussen Emotionen und nicht Fakten unsere Einstellungen zur Politik. Wahlen werden nicht von inhaltlichen Parteipositionen entschieden, sondern durch ein Spektrum von Gefühlszuständen. Parteien wissen das.

Politischer Wettbewerb als Themenstreit

Vor allem Wahlkämpfe sind ein Themenstreit. Mit wenig Tiefgang, aber trotzdem. Jede Partei hat Wunschthemen, die sie auf der medialen Tagesordnung platzieren will, weil sich dadurch für sie Vorteile ergeben. Unabhängig von Einzelereignissen gibt es typische Themen, welche entweder Mitte-rechts- oder Mitte-links-Parteien bevorzugen.

Geht es in der öffentlichen Diskussion um Recht und Ordnung, um Polizei und Militär, um Sicherheits- und Außenpolitik sowie um wirtschaftliche Stabilität, werden meistens rechtskonservative Parteien davon profitieren. In Österreich würden sich durch die Betonung der inneren und äußeren Sicherheit Wettbewerbsvorteile für die ÖVP ergeben. Von Aspekten der sozialen Sicherheit – etwa bei den Themen Arbeit, Wohnen und Gesundheit – profitiert umgekehrt die SPÖ als vergleichsweise links-liberale Partei.

Natürlich wird es weder der ÖVP noch der SPÖ jemals gelingen, dass in den Medien ausschließlich eigene Schwerpunkte vorkommen. Dafür sind alle genannten Themenfelder zu wichtig. Genauso kann keine Partei Unerwünschtes völlig unter die Decke kehren. Alle Parteien sowie Regierung und Opposition versuchen daher, für sie nachteilige Themen mit aus ihrer Sicht günstigen Themen zu überlagern.

Insbesondere das Thema »Ausländer« stellt für viele Bereiche eine Meta-Ebene dar und muss stets mitbedacht werden. Nach den Daten der Wahlmotivforschung war im Vorhinein klar, dass 2006 kaum jemand die FPÖ wegen ihrer Bildungskompetenz wählen würde. Also diskutierten Spitzenkandidat Strache & Co über den Anteil von Kindern mit nicht-deutscher Muttersprache in unseren Schulklassen. So sprach die Partei plötzlich über das heimliche Wunschthema, das zu einem der stärksten Motive ihrer Wählerschaft wurde.

FPÖ-Kandidaten haben sich auch selten als soziale Experten hervorgetan, doch ließen sie geschickt Unterstellungen eines Sozialmissbrauchs von Ausländern mitschwingen. Die arbeitsmarktpolitischen Konzepte der FPÖ waren oft unklar. Es sei denn, dass Abschiebung und Nicht-Zuwanderung angeblich Jobs für Österreicher schaffen würden. Womit man wiederum beim Thema war. Redet bis heute ein FPÖ-Politiker über den möglichen EU-Beitritt der Türkei, hat das wenig mit der europäischen Integrationsdebatte zu tun. Es geht darum, mit der Fremdenangst zu spielen.

Themenkarrieren

Wahlen verdrängen den Rest politischer Themen unter ferner sendeten und schrieben. Doch haben alle Ereignisse in unserer schnelllebigen Nachrichtenwelt eine kurze Halbwertzeit. Gibt es ein außenpolitisches Großgeschehen wie den Staatsbesuch des US-Präsidenten in Österreich, hat die Innenpolitik Pause. Dominieren deren Skandale, bekommt keiner mit, was sonst noch in der Welt passiert. Auch nicht, wenn es ein Krieg ist.

Von den Eurofightern bis zum Ortstafelstreit sind sogar österreichische Aufreger auf eine Nachrichtenflaute angewiesen, um Augen und Ohren der breiten Öffentlichkeit zu erreichen. Im Sommer 2006 regierte König Fußball und die Herren Chavez, Morales oder Fox wurden für lateinamerikanische Mittelstürmer und nicht Staats- und Regierungschefs gehalten. Obwohl sie sich kurz zuvor in Wien getroffen hatten.

Es ist eine Faustregel, dass bestenfalls drei Themen im Brennpunkt der allgemeinen Aufmerksamkeit stehen. Grafisch wird das Top-Thema in einem Koordinatensystem dargestellt: Die x-Achse stellt den Zeitverlauf dar, an der y-Achse misst man die Themenintensität. Die Kurve eines politischen Themas gleicht meistens einer Parabel. Die Intensität erreicht in kürzester Zeit einen heftigen Höhepunkt, um danach schnell abzustürzen. Politiker und Parteien können deshalb wenige Monate nach schweren Problem- und Skandalfällen beliebter sein als je zuvor.

Das erklärt zum Teil den Weg der SPÖ zur Kanzlerschaft 2006. Die Begriffe »aussitzen« und »durchtauchen« kommen nicht von ungefähr. Die SPÖ hat im Wahlkampf trotz der BAWAG-ÖGB-Affäre unverzagt ihre Standardthemen Arbeit, Bildung und Gesundheit propagiert. Speziell der Schulbeginn und Elisabeth Gehrer als zuständige Ministerin mit geringer Beliebtheit waren Basis roter Hoffnungen, dass eine Themenwende kommt.

Die Schadenfreude der ÖVP war letztlich ein wertloses Frühlingsgefühl. Ihr Versuch, das Thema BAWAG-ÖGB im Herbst neuerlich hochzufahren, misslang. Die Überraschungen der BAWAG-ÖGB-Affäre machten eben für alle Parteien einige Zeit lang das Management von Themen nicht planbar.

Das ist oft so: 2002 spülte ein Hochwasser in Deutschland Bundeskanzler Gerhard Schröder zum sozialdemokratischen Wahlsieg. Doch gibt es andere Themenkarrieren, die einer Buckelpiste gleichen. Nach dem ersten Anstieg und Abflauen entsteht eine Wellenbewegung mit ständigen Erregungsgipfeln. Finanzminister Karl-Heinz Grassers im Vorsommer 2006 behauptete BZÖ-Kandidatur wurde zur Medienente und kam trotzdem nicht von ungefähr. Der begnadete Selbstdarsteller war nach einem tiefen Tief wieder im halbhohen Hoch. Daher galt er für ÖVP und BZÖ als Hoffnungsträger im Wahlkampf.

Grassers Vertrauenswerte waren 2004/05 im bodenlosen Keller, um sich später wieder den ehemaligen Spitzendaten zu nähern und sich letztlich auf gutem Durchschnittsniveau zu stabilisieren. Die vielleicht teuerste Internetseite Österreichs – Grasser hatte eine Homepage für sich um einen sechsstelligen Eurobetrag anfertigen lassen – regte irgendwann niemanden mehr auf. Als indirekter Wahlverlierer tauchte Grasser ab, um kurz darauf in der Gerüchteküche Vizekanzler zu sein und am Ende einen mittelmäßigen Abgang zu haben. Der Fall Grasser beweist den Wankelmut der öffentlichen und der veröffentlichten Meinung.

Buckelpistenthemen sind vor allem solche mit Vorurteilen im Spiel. Bestehen negative Klischees gegenüber Juden oder Ausländern – oder behinderten Menschen usw., die Liste ist beliebig erweiterbar –, kann das eine Zeit lang kein großes Thema sein, es genügen aber kleinste Anlassfälle, um die Volksseele zum Kochen zu bringen. Zufällig oder mittels bewusster Brandstiftung von politischen Rattenfängern.

Das Problem der Meinungsforschung ist, dass Menschen als verpönt geltende Vorurteile nicht einfach zugeben. Es gibt einen Anpassungsdruck an die Mehrheitsmeinung. In der Psychologie geht die Theorie der kognitiven Dissonanz davon aus, dass Menschen gefühlsmäßig wenige Widersprüche aushalten. Sind unsere Gedanken mit der in den Medien wahrgenommenen Öffentlichkeit unvereinbar, passt man meistens seine Meinung an.

Wer in Österreich behauptet, George W. Bush ist fantastisch, hat bis zu 90 Prozent der Menschen gegen sich. Das ist höchstens für Minderheitsfetischisten angenehm. Daher wird sich jeder Andersdenkende überlegen, entweder das Thema Bush zu vermeiden, seine Ansichten zu verschweigen oder sich dem sozialen Druck zu beugen.

Irgendwann gibt es im ganzen Land keinen Fürsprecher der Politik des US-Präsidenten mehr, obwohl ursprünglich mindestens 10 Prozent seine Politik guthießen. Dazu zählen eine klare Befürwortung der Todesstrafe und hochoffizielle Folterungen durch das Militär. Wir können nicht sicher sein, inwiefern eine Zustimmung für Hinrichtungen und Foltermethoden lediglich ein gesellschaftliches Tabu oder in Österreich wirklich nicht gegeben ist.

Für die Kommunikationswissenschaft hat Elisabeth Noelle-Neumann die Theorie der Schweigespirale etwa so formuliert: »Indem die einen laut reden, wirken sie stärker, als sie sind. Die anderen schwächer, als sie wirklich sind. Es ergibt sich eine optische und akustische Täuschung für die Mehrheits- und Stärkeverhältnisse. So werden die einen zum Reden angesteckt, die anderen zum Schweigen, bis schließlich eine Auffassung ganz untergehen kann.«

Für Herrn Bush mag es egal sein, ob er im kleinen Österreich salonfähig ist oder nicht. In anderen Fällen können Schweigespiralen sogar politisch wertvoll sein. »Die Verbrechen der Nazis werden übertrieben dargestellt!« muss als Aussage gesellschaftlich geächtet werden, um keine Verbreitung zu finden. Innerhalb des demokratischen Spektrums sind Einheitsmeinungen hingegen gefährlich. Zum Dilemma wird, dass Denkverbote entstehen.

Muss jeder Vorschlag falsch sein, nur weil er von den in der öffentlichen und der veröffentlichten Meinung am wenigsten geschätzten Politikern stammt – nach dem APA-Politikerradar waren das in den letzten Jahren Heinz-Christian Strache (FPÖ) und Peter Westenthaler (BZÖ) sowie der Kärntner Landeshauptmann Jörg Haider – und in populistischer Form vorgebracht wird? Das würde die Handlungsmöglichkeiten der politischen Konkurrenz von FPÖ und BZÖ extrem einschränken.

Die drei Genannten haben vielfach die Fremdenangst zum Hauptelement ihrer Strategien gemacht. Offenbar gibt es einen bislang von einer dünnen Schicht Demokratiequalität überdeckten und trotzdem fruchtbaren Boden, um Tabus und Ängste in manchmal primitivster Form zu thematisieren. Liberale Intellektuelle hatten bereits in den neunziger Jahren das Problem, dass sie sich aus Gründen des Anstands allen Ideen Haiders verweigerten. Wollte dieser etwas verhindern, musste er es nur aussprechen.

Umkehrschlüsse zu womöglich richtigen Mehrheitsmeinungen können ebenso falsch sein. Die Demokraten in den USA sind trotz Bush nicht zwangsläufig Lichtgestalten und selbstverständlich gibt es in Österreich Probleme in den Bereichen Zuwanderung und Integration.

Daher stellt sich die Frage, warum abweichende Meinungen ungeachtet der Schweigespirale unterschwellig vorhanden sind, ohne messbar zu sein. Es bedeutet, verwundbar zu sein, wenn man Ängste zugibt. Also wollen wir das nicht tun, erwarten aber von der Politik, uns Sicherheit zu vermitteln. Gegenüber Befürchtungen, die wir verheimlichen.

Sicherheitsgefühle

Ob ich mich in einem Tunnel sicher oder unsicher fühle, hat oft wenig mit der Verkehrssicherheit zu tun, die ebenda jede Menge reale Gefahren beinhaltet. Es geht aber mehr um das psychologische Phänomen der Furcht im Dunkeln. Spätestens seit dem Elch-Test für Mercedes wissen wir, dass deutsche Autos nicht auf jeden Fall sicherer sind als japanische oder koreanische Gefährte. Trotzdem handelt es sich unverändert um ein Standardargument, wenn Mittelklasse-Väter familienintern für den Kauf überteuerter Wagen argumentieren. Sie sehen sich gefühlsmäßig im Recht.

Gleichermaßen bedeuten geringere Kriminalitätsraten keinesfalls immer ein höheres Sicherheitsempfinden. Jeder kennt irgendwen, der jemanden kennt, bei dem eingebrochen wurde. Meistens stimmt das, doch kann der mutmaßliche Einbruch vor mehreren Jahren oder in einer anderen Stadt stattgefunden haben.

Ob Hauseinbrüche, Taschendiebstähle oder Vandalismus – durch Erzählen entstehen Stimmungslagen von der relativen Beschütztheit bis zur Panik vor Verbrechen. Nicht zufällig helfen gegen Jugendkriminalität Kontaktbeamte der Polizei. Sie tragen oft mehr zur Beruhigung bei als die wirkliche Verbrechensaufklärung.

Was das alles mit Politik zu tun hat? Ein steigendes oder sinkendes Sicherheitsbedürfnis der Bevölkerung ist nur bedingt anhand tatsächlicher Rahmenbedingungen erklärbar. Doch wird von Politikern die größtmögliche Garantie von Sicherheit erwartet. Dabei ist das moderne Verständnis von Sicherheit sehr komplex. Der Begriff reicht vom Schutz vor terroristischen Anschlägen bis zu den Sozialleistungen. Es ist ein umfassendes Paket unterschiedlichster Ängste, welche die Politik bekämpfen muss, um ihre Aufgabe, der Vermittlung von Sicherheit, zu erfüllen.

In Wahljahren geht es weniger um reale Schutzmaßnahmen für mehr Sicherheit als um den Imagegewinn. Der Schlüssel zum Erfolg ist theoretisch ganz einfach zu finden. Heißt es »Um die Sicherheit des Landes sorgt sich die Partei X!« oder »Politiker Y garantiert unsere Sicherheit!«, so haben die Betroffenen fast gewonnen. Das Problem für alle Parteien lautet freilich: Was genau bedeutet Sicherheit aus der Wählerperspektive?

Nicht einmal die Standardfrage, ob Sicherheit ein konservatives oder liberales vulgo rechtes oder linkes Thema darstellt, lässt sich eindeutig beantworten. Geht es um klassische Aufgaben der Polizei und um eine Sicherung des Wirtschaftsstandorts, ist es rechts. Umgekehrt sind Ängste vor einem Verlust des Arbeitsplatzes, vor der Nicht-Leistbarkeit alltäglicher Ausgaben, vor verschlechterten Angeboten von Wohnen bis Bildung mindestens genauso wichtig und eindeutig links. Die Parallele zur psychologischen Komponente von Tunnel- und Autosicherheit ist die vergleichsweise Unwichtigkeit der Inhalte von entsprechenden Wahlprogrammen.

Wir meinen zu spüren, wer uns Sicherheit gibt. Analog zu den Kontaktbeamten der Polizei müssen Parteien primär das Gefühl vermitteln, zuzuhören. Besonders gilt das für gesundheitliche Vorsorge als Sicherheitsthema. Welcher Arzt wird als am besten angesehen? Medizinisch-technisch können 99,9 Prozent der Patienten das objektiv kaum beurteilen. Subjektiv wähle ich jenen Doktor, der sich meine Sorgen geduldig anhört. Selbstmitleid inklusive. Welche Partei das am besten kann, ist offen.

Das Thema Ausländer

Die ausdrücklich bestätigte Aussage von Heinz-Christian Strache, Parteiobmann der FPÖ, dass Ausländer Maul- und Klauenseuche hätten, weil sie zuerst maulen und anschließend klauen würden, war einer von vielen sprachlichen Tiefpunkten des Politikjahres 2006. An dieser Stelle endet übrigens jedwede Ausgewogenheit des Politikwissenschaftlers. Zeitungskolumnen sind ja als Meinungselement gekennzeichnet, doch im Fernsehen bin ich um größtmögliche Ausgewogenheit bemüht. Bei solchen Sprüchen decken sich freilich Privatmeinung und Analyse: Das ist widerlich und dem ist nichts hinzuzufügen.

FPÖ und BZÖ wetteiferten im Nationalratswahlkampf 2006 darin, wer die angeblich bessere und salonfähigere Schuldzuweisung an Ausländer betreibt. Das Fremde wurde verantwortlich gemacht, ob jemand arbeitslos ist oder unter schlechten Wohnverhältnissen leidet. Oder sich um die Schulbildung seiner Kinder sorgt.

Die Wählerschaft der FPÖ ist unverändert mit dem Ausländerthema motivierbar. 39 Prozent wählten 2006 die FPÖ primär aus diesem Grund. Interessant ist, dass das Ausländerthema FPÖ-Wähler stark motivierte, während das BZÖ eine mindestens ähnlich hohe Themensetzung in diese Richtung betrieb, ohne ihre Klientel damit vergleichbar ansprechen zu können.

Die FPÖ wiederholte letztlich altbekannte Hetzen aus den steirischen und Wiener Landtagswahlen. In der grünen Mark wurde verbreitet, es dürfe keine Bananensuppe in Kindergärten geben, weil das eine Negerspeise wäre. Höhepunkt der Frauenfeindlichkeit waren Plakatserien, dass Tschechinnen in Prag studiert hätten, um in Graz auf den Strich zu gehen. Das Konzept ging nicht auf, man flog aus dem Landtag. Das lag weniger an der Frage, ob nicht Steirer mit sicherlich österreichischer Staatsbürgerschaft die besten Kunden von Prostituierten sind. Der regionale FPÖ-Spitzenkandidat Leopold Schöggl war als Marktschreier ungeeignet, während Strache in Wien und auf Bundesebene das Geschäft verstand.

Das BZÖ lernte von ihm. Kaum war man mit einer pseudo-liberalen Neupositionierung kläglich gescheitert, wurde ebenfalls nach fremdenängstlichen Stimmen gefischt. Das absurde Österreich-Duell eröffnete beiden Parteien mehr Chancen als alle Versuche, im liberalen Wählerspektrum mit SPÖ, ÖVP und Grünen zu kämpfen.

Traurig genug, dass Ewiggestrige einen Restbestand von Gleichgesinnten hinter sich wissen. Eine Partei der Alt-Nazis und notorischen Rassisten würde entlang der 4-Prozent-Grenze um den Parlamentseinzug kämpfen. Das Potenzial für den Ausländerwahlkampf rechtspopulistischer Parteien ist ungleich größer. Es bewegt sich im klar zweistelligen Bereich. Mehr noch: Etwa zwei Drittel der Österreicher vertreten zu den Themen Migration oder Asyl typisch rechte Forderungen bis hin zum Einwanderungsstopp. Bis zu 80 Prozent sind persönlich überzeugt, es würde immer mehr Ausländer geben, ohne sich durch Fakten von ihrer Meinung abbringen zu lassen. Dieser Mehrheit von in anderen Bereichen durchaus liberalen Menschen mit der Faschismuskeule als Argument zu kommen, hat bereits vor zwei Jahrzehnten Jörg Haider eine unverdiente Solidaritätswelle beschert.

Fremdenangst ist nicht mit Fremdenfeindlichkeit gleichzusetzen. Im Grunde ist das Ausländerthema ein Werben um verängstigte Modernisierungsverlierer. Wer immer sich gesellschaftlich benachteiligt und bedroht fühlt, sucht nach Schuldigen und ist für Scheinlösungen anfällig.

Problemdebatten sind viel zu komplex, im politischen Wettbewerb wirken klare Botschaften der Marke Anti-Ausländer. Die rechnerische Stumpfsinnigkeit des Peter Westenthaler im Nationalratswahlkampf 2006, mit der Abschiebung von bis zu 1.000 nicht-österreichischen Arbeitslosen Arbeitsplätze für fast 200.000 Österreicher schaffen zu wollen, fällt kaum auf.

Rechts von Heinz-Christian Strache ist – erstmals von Armin Wolf so beschrieben –nur noch die Wand. Peter Westenthaler rechts zu überholen, dürfte unter Einhaltung der gesetzlichen Bestimmungen ähnlich schwierig sein. Mit Gesetzen ist nicht das Verkehrsrecht gemeint, sondern Verhetzungsparagraf und Wiederbetätigung.

Ein indirekter Gewinner ist die ÖVP. Sie profitiert, weil die Suche nach einer gemäßigten Alternative rechts der Mitte zwangsläufig in ihren Armen endet. Als Liese Prokop vor dem Sommer 2006 nach einer Studie von Integrationsunwilligkeit bei 45 Prozent der Moslems sprach, führte ihre Partei in allen Umfragen haushoch.

Der liberale Kolumnist Peter Plaikner schrieb dazu in der *Tiroler Tageszeitung* auszugsweise: »Wer sich nicht integrieren will, hat bei uns nichts zu suchen: Die vielstimmige Kritik an diesem Satz der ÖVP-Innenministerin ist ein einfallsloser Reflex auf ein ersehntes und gefürchtetes Thema. Diese Entwicklung ist eine Folge falsch verstandener politischer Korrektheit und uneingestandener Irrtümer. Wir Träumer von einer friedlichen Multikulti-Gesellschaft werden zunehmend widerlegt. Wer das thematisiert, wird ins rechte Eck gestellt. Also bleibt still, wer sich für tolerant hält, aber vielleicht schon anders wählt. Wir müssen Prokop zustimmen dürfen, ohne unter falschen Ideologieverdacht zu geraten. Wer das richtig findet, muss nicht rechts sein.«

Plaikner zählt zu meinen besten Freunden und ich weiß, dass er alles andere als ein Rechtsaußen ist. Er brachte lediglich ein Problem auf den Punkt. Die SPÖ verstand das offenbar und bemühte sich um dieselben Wählergruppen wie ÖVP, FPÖ und BZÖ. Man versuchte in Asyl- und Staatsbürgerschaftsfragen den Spagat nach Rechtsaußen. Entsprechende Gesetze wurden im Parlament lange vor der großen Koalition mit den Stimmen beider Großparteien beschlossen. Beim Ausländerthema wären linke Prinzipien wahltaktischer Selbstmord mit Anlauf, um auf jeden Fall nur Zweiter zu werden.

Hinter den Kulissen haben sich Pragmatiker in der SPÖ sogar der freiheitlichen Wortwahl angepasst. Sie warnen vor Gutmenschen in den eigenen Reihen, die mit ihrer gerechtfertigten Empörung über das Ausländer-Schimpfen rote Gegenstandpunkte einnehmen, welche nicht mehrheitsfähig sind. Das könnte sich im Favoritner Abwehrkampf gegen die Wählerströme zur FPÖ rächen. Allein die Grünen sind relativ frei von inhaltlicher Schuld, obwohl sie sich heimlich für das bestmögliche Thema zur Mobilisierung ihrer Anti-FPÖ-Klientel bedanken.

Was das in Summe bedeutet? Die »Ausländer« werden in der öffentlichen Meinung weiterhin sämtliche Diskussionen, von der Arbeitsmarkt- bis zur Bildungspolitik, überlagern. Womöglich ist in Österreich der frühere Antisemitismus in einen latenten Rassismus übergegangen. Jede Gesellschaft braucht für Identifikations- und Integrationseffekte der fragwürdigen Art Feindbilder, die für das eigene Leid verantwortlich gemacht werden.

Das liebe Geld

In Österreich Geld zu haben, das trifft nicht auf alle zu. Aber man spricht auch nicht darüber. Ein Amerikaner, der 100.000 Dollar im Jahr verdient, sagt das laut und stolz. Die Erstreaktion seiner Landsleute ist eine Nachfrage, was er beruflich so gut kann. Man forscht neugierig bis bewundernd nach dem Erfolgsgeheimnis.

Für Österreicher ist es ratsam, 100.000-Euro-Jobs zu verschweigen. Spricht jemand darüber, erntet er als Spontanantwort die Frage, welche Ungesetzlichkeiten hinter dem Verdienst stehen. Es gibt quasi einen Pawlow'schen Reflex, man hätte es sich durch unmoralische Machenschaften gerichtet.

Natürlich sind Einwände gegen Spitzengagen berechtigt, wenn im Sinn der Gesellschaftskritik gemeint. Bei aller Anerkennung des Leistungsprinzips ist das Ausmaß der ungleichen Verteilung von Einkommen und Vermögen kaum argumentierbar. Die österreichische Seele ist jedoch weniger von ideologischen Überlegungen geprägt als durch eine seltsame Mischung der Tabuisierung und Erotisierung des Geldes. Einerseits gilt es als frivol, viel Geld zu haben, andererseits finden Berichte in Hochglanzmagazinen über die Reichen und Schönen reißende Abnahme.

Dahinter stehen sowohl Neidkomplexe als auch träumerische Sehnsüchte. Viele von uns – ich auch – haben daher auf die Frage nach der Gehaltshöhe mehrere Antworten parat, von denen keine absolut richtig oder vollkommen falsch ist. Vom Lehrer bis zum Primararzt gibt es ein ausgeklügeltes System von Zulagen und Möglichkeiten für Zusatzverdienste. Im jeweiligen Fall mag das verwaltungstechnisch begründbar sein. Mehrheitlich handelt es sich aber auch um den Ausdruck einer politischen Kultur im Umgang mit dem Tabuthema Geld.

Hoffnungslos ist daher die Sache für Politiker, wenn sie über Geld sprechen müssen. Egal, wie hoch oder niedrig ihr Gehalt ist, es ist immer zu viel. Was für Politik an Kleingeld oder Großbeträgen ausgegeben wird, der Volksmund sieht es stets als Geldverschwendung. Daran sind Regierung und Parteien mit zahlreichen Anlassfällen selbst schuld. Exklusive Staats- und Landesausgaben für Hubschrauberflüge von Jörg Haider oder die Nutzung von Bundesheerjets durch Minister Günther Platter versteht zu Recht niemand. Designerkleidungs- und/oder Leberkäse-Party-Orgien in der FPÖ um Hunderttausende Euros in der Amtszeit von Parteiobfrau und Vizekanzlerin Susanne Riess-Passer sind Gegenstand von Gerichtsprozessen.

Eine Liste von Spesenvergehen würde vielleicht alle Parteien umfassen, die irgendwann über Regierungsmacht verfügten. Dabei ist die Tatsache, dass es sich bei Flug-, Anzieh- oder Essorgien um unangemessene Repräsentationskosten handelt, kein Rechtsproblem. Dafür müsste ein ethischer Grundkonsens genügen. Folgt daher aus dem Missbrauch der Parteiförderung eine berechtigte Ablehnung der öffentlichen Politikfinanzierung aus Steuergeldern?

Wenn es um Geld geht, sollten Emotionen keinen Platz haben. Daher empfiehlt sich eine Abkühlungsphase. Was Politik kosten darf, ist ein demokratiepolitisch viel zu sensibles Thema. Wir überlegen vor banalen Kaufentscheidungen, was wir für das neueste Handy ausgeben. Mit den Kosten der Demokratie wollen wir uns nicht beschäftigen.

»Politiker bekommen zu viel Geld!« ist insofern ein bedenkliches Vorurteil, weil Politik durch allgemein verbindliche Entscheidungen nichts Geringeres als unser menschliches Zusammenleben regelt. Demzufolge ist sie ungleich wertvoller als ein Plastikgerät zum Telefonieren. Unsere Weigerung, der Politik für das Gemeinwohl möglichst viel Geld bereitzustellen, ist im Grunde Ausdruck einer geringen Demokratiebereitschaft.

Verschwenden oder missbrauchen Parteien Geld, lösen sie einen Teufelskreis der Politikverdrossenheit aus. Im Kärntner Landtag wurde 2003 neben der regulären Parteienfinanzierung eine einmalige Förderung für die Landtagswahl 2004 einstimmig beschlossen. Es handelte sich um eine Rückerstattung der Wahlkampfkosten vor der Wahl. 2004 einigte man sich auf eine Verdoppelung der Grundförderung zur nochmaligen – diesmal nachträglichen – Abgeltung derselben Kosten. Die durchaus argumentierbare Forderung, dass für engagierte Politik von der Parteienförderung bis zum Abgeordnetengehalt mehr Geld ausgegeben werden sollte als bisher, ist angesichts solcher Vorgänge nicht vertretbar.

Wenig passend zum Christkind wurde jedoch bereits am 22. Dezember 2004 in der Tageszeitung *Die Welt* auf eine Doppelmoral verwiesen. Schon die Geschichte zeigt, dass die Vorstellung, Politik dürfe kein öffentliches Geld kosten, reichlich naiv ist. Zu Pharaonenzeiten ebenso wie im antiken Rom erkaufte sich der Adel das Wohlwollen der Obrigkeiten. Als 1519 Karl V. zum Kaiser gewählt wurde, floss rund eine Million Gulden, um die Kurfürsten mittels »Handsalben« zur Stimmabgabe zu ermuntern. In den Anfängen des deutschen (und österreichischen) Parlamentarismus im 19. Jahrhundert wünschte man sich Abgeordnete von Verdienst und Vermögen. Honorige Persönlichkeiten, nur ihrem Gewissen verpflichtet, sollten Politiker werden. In Wirklichkeit hatte die Vorenthaltung jeder Bezahlung auch dafür zu sorgen, dass Sozialisten es sich mangels privater Finanzbasis überlegen mussten, ins Parlament zu gehen.

Das klingt vertraut, denn Jörg Haider verkündete sowohl eine Verdienstgrenze in der FPÖ als auch des Bärentalers Unabhängigkeit von seinem politischen Einkommen. Aufgrund der Gefahr, dass Politiker in anderen Fällen beispielsweise durch hohe Spenden fremden und undemokratischen Einflüssen ausgesetzt sein könnten, haben wir uns zu Recht für eine mehrheitlich öffentliche Politikfinanzierung entschieden.

Parteiaffären liefern dafür dramatische Gegenargumente. Wir sollten trotzdem nicht vorschnell urteilen. Bevor eine Rechtswidrigkeit ruchbar wird, hat die Öffentlichkeit längst ein negatives Urteil gefällt.

Die Österreicher reklamieren von »denen da oben« eine höhere Moral. Es sind dieselben Menschen, die in der Schattenwirtschaft dreistellige Milliardensummen illegal verdienen. 2005 waren das in Österreich fast 25 Milliarden Euro. Für viele von uns ist es ein Breitensport, Finanzamt, Versicherung oder Sozialbehörden zu beschummeln.

Paradoxerweise war es derselbe Haider, der auf die mangelnde Transparenz als eigentliches Problem des Zusammenhangs von Politik und Geld verwies. Tatsächlich gibt es in den Parteiengesetzen wenige Regelungen, wofür Förderungsgelder ausgegeben werden dürfen. Andererseits gestaltet sich ein Ländervergleich für politische Korruption als Konsequenz der Politikfinanzierung überraschend. Im globalen Korruptionsbericht 2004 wurde festgestellt, dass nur in 13 Prozent von 118 untersuchten Ländern die Vergabe von Geldmitteln für die Politik als völlig transparent bezeichnet werden kann.

In der Gruppe der Staaten mit dem höchsten Transparenzgrad findet sich Armenien, während Schweden zu den Staaten mit einer wenig transparenten Finanzierung von Politik zählt. Dennoch ist der Korruptionsgrad in Schweden, das in einer Positivreihung auf dem sechsten Platz liegt, deutlich niedriger als in Armenien mit Platz 70. Offensichtlich kann man sich bei der Bekämpfung von politischer Korruption und vermutlich genauso der Verschwendung öffentlicher Parteigelder nicht allein auf einen Ausbau der Transparenzregeln verlassen.

Wenn jedoch in Österreich Entgelte für qualifizierte Arbeit prinzipiell nicht akzeptiert werden, ist es unmöglich, dass wir verstehen, warum große Beträge unseres (Steuer-)Geldes für Parteien zwecks Entscheidungen über uns – in einer Demokratie mit uns, doch das wird nicht wahrgenommen – zu verwenden sind.

Geld als Parteienproblem

Es ist jedem klar, dass die im Wahljahr 2006 ruchbar gewordenen Spekulationen der Gewerkschaftsbank BAWAG einer seriösen Geschäftsgebarung widersprachen. Für die Hypo-Alpe-Adria-Bank in Kärnten galt dasselbe. Doch welche Position soll die SPÖ an sich einnehmen, wenn es darum geht, Geld zu verdienen? Sozialdemokraten müssten fast jedem verdienten Euro abschwören, um dem Generalverdacht des Neureich-Seins zu entkommen. Inwieweit muss dafür die christdemokratische ÖVP ein soziales Bewusstsein ohne Gelddenken haben, das nicht vor lauter Betonung der Wirtschaftskompetenz irgendwo zwischen Wohltätigkeit und Mitleid untergeht?

Die soziale Marktwirtschaft, als Begriff vom Nationalökonomen und Kultursoziologen Alfred Müller-Armack geprägt, wird von allen politischen Lagern mehr oder weniger vertreten. Dazu gehört das Bekenntnis zum Wettbewerb. Trotzdem wird Geld zur Anerkennung von Erfolg gesellschaftlich selten akzeptiert.

Soziale Marktwirtschaft bedeutet neben dem Leistungsgedanken jedoch auch einen konsequenten Schutz wirtschaftlich schwächerer Schichten. Das ist genauso ein Tabuthema. In Österreich sind mehr als eine Million Menschen armutsgefährdet. Sie mussten 2006 mit weniger als 785 Euro für Alleinstehende bis 1.885 Euro für eine fünfköpfige Familie im Monat auskommen. Mit Ausnahme der Grünen und der KPÖ nimmt sich keine Partei allzu sehr dieser Menschen an. Dabei sind die wenigsten Grün-Wähler selbst von Armut betroffen. Man erwartet lediglich von der Partei eine entsprechende Solidarität, ohne sie unbedingt selbst zu leben.

Der Österreicher spendet Geld, doch ein systematischer Geldtransfer nach Müller-Armack ist negativ besetzt. Die SPÖ ist da offensiver und glaubwürdiger als die ÖVP, geht jedoch mit Forderungen nach sozialer Umverteilung relativ vorsichtig um. Beide Seiten wissen, dass für Großparteien jedweder Geld-Tabubruch riskant ist.

Im politischen Konkurrenzkampf war das Zauberwort des Wahljahres 2006 der Mittelstand und dessen Förderung. Die finanziellen Tabus führen dazu, dass sich jeder diesem zugehörig fühlt oder fühlen will. In den unteren Einkommensklassen und als Arbeitsloser will niemand hören, dass er/sie arm ist. Umgekehrt haben sowohl der SPÖ-Parteichef als auch der grüne Bundessprecher trotz fünfstelliger Monatseinkommen in Interviews gesagt, sich gefühlsmäßig zum Mittelstand zu zählen.

Im Prinzip tut das in Österreich, wer monatlich zwischen 2.000 und 15.000 Euro verdient. Mit verschwommenen Grenzen zwischen brutto und netto. Angesichts derart irrationaler Einstellungen zum Thema Geld lässt sich kaum ein sachbezogener Weg zwischen legitimen Gewinninteressen und sozialer Gerechtigkeit finden.

Die Gelder der Parteienförderung in Österreich betrugen übrigens 2004 auf Bundes- und Länderebene rund 150 Millionen Euro. Davon kamen 45 Millionen vom Bund. In Wien waren es in Summe fast 27 Millionen. Außer Wien wurden Gemeinden gar nicht eingerechnet. Man darf weitere 20 Millionen hinzuzählen. Zuzüglich einer Grauzone von Spenden. Sind Sie in die Falle getappt und war Ihr Erstgedanken, dass es zu viel Geld wäre? Wenn ja, war das eine Bestätigung, dass Parteien beim Tabuthema Geld bloß verlieren können.

Außerdem kann man Zahlen in ihrer Darstellung manipulieren. 25 Euro pro Kopf und Nase eines Staatsbürgers hätte ungleich harmloser geklungen als 150 Millionen. Doch sagt nicht eine Gesamtsumme, sondern die zuvor genannte Ziffer aus, dass in Österreich tatsächlich weltweit das meisten Steuergeld für politische Parteien ausgegeben wird. Die Gemeinsamkeit der Tabu- und Angstthemen von Ausländern bis Geld ist, dass die beste Vorbeugung eine umfassende Bildung ist.

Exkurs über das Krankreden der Bildung

Apropos Bildung. Seit 1. März 2007 haben wir in Österreich zwei Bildungsminister im Doppelpack. Mit Inkrafttreten des Bundesministeriengesetzes bestehen ein Unterrichts- und ein Wissenschaftsressort. Claudia Schmied und Johannes Hahn treten zudem in für SPÖ und ÖVP seltener Eintracht auf. Bildung wird somit zum Schlüsselthema für den Erfolg der Bundesregierung und steht zu Recht im Mittelpunkt moderner Politik. Angesichts eines unpopulären Sparkurses ist das Engagement für Aus- und Fortbildung die größte Chance der Großkoalitionäre. Gefährdet sind Schmied und Hahn durch die veröffentlichte Meinung über ihr Fachgebiet.

Mehr als 1,4 Millionen junge Menschen – 1,2 Millionen Schüler und 200.000 Studenten – lernen in unserem Bildungssystem. Wenn man es biologisch und rechnerisch nicht genau nimmt, haben diese mehr als 2,8 Millionen erziehende Eltern, weil es Trennungen und neue Partnerschaften gibt. Jeder zweite Wahlberechtigte hat somit eine durch persönliche Eindrücke geprägte Meinung von Schulen und Universitäten.

Hinzu kommen Omas und Opas, die es ebenso gut oder viel besser wissen. Wer keine Kinder und Enkel hat, war vor Jahrzehnten selbst Schüler. Die Folge ist ein Phänomen, das wir vom Fußball kennen. Auf der Tribüne gibt es selbst ernannte Experten, während die bezahlten Könner auf der Trainerbank als ahnungslos gelten. Es kommt wider besseres Wissen dazu, dass Bildung krankgeredet wird.

Sind Emotionen im Spiel, werden Daten und Fakten ignoriert. Dabei gibt es kaum ein stärkeres Gefühl als die Angst um die Zukunft der Kinder. Verlockend ist etwa der Stehsatz, Lehrer würden in ihrem Berufsimage knapp vor Prostituierten rangieren. In Wahrheit liegen Lehrer – und auch Wissenschaftler – um Längen vor Politikern, Journalisten und Rechtsanwälten. Sogar nach der internationalen PISA-Studie über das angeblich schlechte Können der Schüler meinte nur einer von zehn Österreichern, dass unsere Schulen schlechter als in anderen EU-Ländern wären.

Doch im Windschatten einer jahrelangen Kritik an Bildungsministerin Elisabeth Gehrer wurden als mediale Fragen diskutiert: Sind Schüler und Studenten dumm, unwissend oder faul? Sind Lehrer und Professoren schuld, weil inkompetent, nicht engagiert oder falsch ausgebildet? Geben wir zu wenig Geld für Bildung aus oder wird das Geld am falschen Ort verschwendet? Sind die Ausländer in den Schulen schuld? Sitzen in den Ministerien geistlose Bürokraten ohne Fachwissen? Nichts davon wurde in PISA oder sonst wo erforscht.

Das Problem ist, dass derart dargestellte Themen Schweigespiralen auslösen. Positive Stellungnahmen zum Bildungssystem gelten beinahe als unerwünscht. In der Folge kippt irgendwann die Stimmung. Nach IFES-Daten sank die an sich gute Benotung des Lehreransehens in der Bevölkerung zwischen 1993 und 2006 von 2,4 auf 2,7.

Parallel dazu ruinieren Universitäten die eigene Branche, weil sie als Druckmittel in Budgetverhandlungen regelmäßig auf ihren mangelhaften Zustand verweisen. Jemandem – und sei es der Staat – dauernd zu erzählen, wie schlecht man ist, um von diesem Geld zu verlangen, ist seltsam.

Gelingt es nicht, das Bild der Bildung in der Öffentlichkeit zu stärken, werden alle Bildner scheitern. Mit Inhalten hat das nichts zu tun. Mit politischer Bildungsarbeit schon gar nicht. Diese hätte jedoch die Aufgabe, über Mythen der österreichischen Vergangenheit als Dauertabus aufzuklären.

Opferkult und Geschichtsmythen

Niemand Geringerer als Bundespräsident Heinz Fischer hat 2005 anlässlich der Eröffnung einer Ausstellung der Stadt Villach auf die Problematik hingewiesen, dass Gedenken und Gedanken zu den Jahrestagen 1945 und 1955 mit zahlreichen Legenden verknüpft sind. Das Beispiel des Bundespräsidenten für solche Mythen: Von 1938 bis 1945 und oft danach wurde erzählt, ganz Österreich hätte Adolf Hitler jubelnd auf dem Heldenplatz begrüßt. Zugleich bekommen wir zu hören, die Österreicher in ihrer Gesamtheit wären im März 1938 erste Opfer des Nationalsozialismus gewesen. Es ist unmöglich, dass beide Darstellungen richtig sind.

1933 wurde die NSDAP verboten, doch gab es mit Jahresende 1937 über 100.000 illegale Mitglieder. Nach Kriegsende wurden rund 550.000 Österreicher mit Nazi-Vergangenheit registriert und fast 137.000 Verfahren eingeleitet. Als 1949 ehemalige NSDAP-Mitglieder und ihre Familien erstmals wählen durften, machten sie etwa 20 Prozent der Bevölkerung aus. Die ÖVP und vor allem in Kärnten auch die SPÖ versuchten, die »Ehemaligen« für sich zu gewinnen. Schließlich wurde von sozialistischer Seite eine eigene Partei als Sammelbecken ehemaliger Nazis unterstützt, um das bürgerliche Lager zu spalten. Mit Opfertum hat das wenig zu tun.

Die Moskauer Deklaration 1943 machte Österreich aber formell zum ersten Opfer der Angriffspolitik Hitlers. Sie wurde zur Basis des Leugnens einer Mitverantwortung an den Gräueltaten der Nazis. Nicht nur gerieten unsere Verantwortung für nationalsozialistische Verbrechen und die Verpflichtung zur Wiedergutmachung für lange Zeit in Vergessenheit, sondern der Opfermythos wurde zu einem Identität stiftenden Moment der Zweiten Republik.

Die Folge war eine praktische Komponente mit nachteiliger Langzeitwirkung. Aus dem Mythos abgeleitet wurde der Bestand einer lediglich von 1938 bis 1945 unterbrochenen österreichischen Kontinuität. Daraus folgte die fehlende Notwendigkeit für eine umfassende Politik der politischen Resozialisierung. Anders als in Deutschland gab es in Österreich keinen unmittelbaren Handlungsbedarf für politische Bildung. Für österreichische Schulen und in der Erwachsenenbildung sowie an Universitäten fehlten geschichts- und sozialwissenschaftliche Vorgaben, was als Demokratie vermittelt wird.

Lebenslüge Neutralität

Im Jubiläumsjahr 2005 war die 50-jährige Lebenslüge der österreichischen Neutralität offenbar nicht zu vermeiden. Regelmäßig ist sogar in studentischen Prüfungsarbeiten fälschlich zu lesen, die Neutralität wäre im Staatsvertrag verankert und nicht im Moskauer Memorandum als politische Bedingung für die Unabhängigkeit mit ihm verknüpft. Vor allem wird unsere angeblich immerwährende Neutralität als Symbol der Erfolgsgeschichte des Landes mythologisiert.

Zweifellos wurden vom Ungarn-Aufstand 1956 bis zum Prager Frühling 1968 politische Bewährungen bestanden. Eine militärische Nagelprobe blieb zum Glück aus, denn Winston Churchill wird bezeichnenderweise der Ausspruch zugeschrieben, der Erfolg der Neutralität hänge davon ab, auf wessen Seite man neutral ist. Im Wirtschaftsbereich ist es absurd, dass für den Aufschwung seit 1955 in den Köpfen vieler Österreicher trotz klarem Bekenntnis zum westlichen Marktmodell die Neutralität verantwortlich gemacht wird.

Obwohl nach dem Ende des Ost-West-Konflikts und in der EU

zunehmend obsolet und durch Begriffe der differenziellen Neutralität und ihrer Kernbereiche als Hilfskonstruktion mühsam zu argumentieren, ist der Mythos des neutralen Staates in Österreich unantastbar. Je nach Meinungsumfrage liegt die Zustimmung zur Neutralität über Jahre zwischen zwei Drittel bzw. im Regelfall drei Viertel und 90 Prozent.

Was unter Neutralität verstanden wird, geht oft extrem auseinander. Doch wurde quasi aus dem »Wir sind neutral!«-Eliteprojekt der Nachkriegszeit – »Wir sind frei!« war den Bürgern damals ungleich wichtiger – durch eine staatspolitische Bildungsinitiative ein Identitätsmerkmal.

Das führt zum aktuellen Luxusproblem, wie gerufene Geister loszuwerden sind. Angesichts solcher Umfragedaten grenzt es an politischen Selbstmord, eine Abschaffung der Neutralität zu fordern. Wider besseres Wissen pflegt Österreichs Politik daher ein Mikado-Spiel, um klare Positionierungen zu vermeiden, oder ruft populistisch nach der Heiligsprechung der Neutralität. Sie als »prominenteste Untote Österreichs« – das sagte mein Kollege Anton Pelinka – wird hofiert. Obwohl es auch Meinungsumfragen gab, in denen kurioserweise sowohl der neutrale Status als auch ein NATO-Beitritt mehrheitlich befürwortet wurden.

Als Saldo bleiben satte Mehrheiten für die Neutralität, ob das Sinn macht oder nicht. Sie ist jedenfalls weitaus populärer als das Projekt EU-ropa.

VI. EU-ropa und USA als Feindbilder?

Die Textteile zur Europäischen Union wurden unabhängig von ihrem Platz im Buch am Schluss fertig. Dabei hatte ich vor dem Schreiben der Kapitel keine fixe Reihenfolge geplant. Es ergab sich einfach so. Vermutlich wäre es für Hobbypsychologen eine Freude, bei mir tief im Unterbewusstsein verwurzelte Abwehrreflexe gegen das EU-Thema herauszulesen. Stimmt das, würde ich voll im Trend der öffentlichen Meinung in Österreich liegen. Trotz aller Schwankungen und einer leichten Verbesserung zuletzt sind die Einstellungen der Österreicher zur EU mittelmäßig bis mäßig. Oder schlecht bis miserabel.

Ende 2006, immerhin das Jahr der österreichischen Präsidentschaft in der EU, meinte nur ein gutes Drittel der Bevölkerung, dass die Mitgliedschaft unseres Landes eine gute Sache wäre. Im Vergleich aller EU-Mitglieder, Bulgarien und Rumänien bereits mitgerechnet, lagen wir damit an 26. Stelle. Ganz knapp vor den traditionell EU-skeptischen Briten. Diese sind allein wegen der geografischen Lage und aus historischen Gründen mehr transatlantisch als europäisch orientiert.

Platz 26 vor Großbritannien klingt harmlos und wäre für einen Kleinstaat in jeder Sportweltrangliste ein Erfolg. Mit Ausnahme des Schisports müssten wir uns darüber freuen. Im Fußball träumen wir seit Jahrzehnten vergeblich von einem derartigen Spitzenplatz. Doch nur 26. von 27 Startern, und das bei der Grundsatzfrage des friedlichen – politischen und wirtschaftlichen – Zusammenlebens in Europa?

Egal, was und wie man fragt, das Ergebnis ist fast immer gleich. Schlappe 43 Prozent der österreichischen Bevölkerung sehen in der EU-Mitgliedschaft mehr Vor- als Nachteile (Platz 24). Während es bei den unter 24-Jährigen und bei Akademikern jeweils eine satte Zweidrittelmehrheit der EU-Befürworter gibt, sind die meisten älteren Menschen und der Pflichtschulabsolventen skeptisch.

Die EU ist ein Elitenprojekt, das in Österreich nicht in den Herzen der Menschen angekommen ist. 34 Prozent meinen, dass die EU ein positives Bild hervorruft (Platz 25). Rund 40 Prozent sind mit dem Funktionieren der Demokratie in der EU zufrieden (Platz 23). Ebenfalls weniger als die Hälfte vertraut den EU-Institutionen (Platz 25) und bloß 30 Prozent sprechen sich für eine Erweiterung in Zukunft aus (Platz 27). Der türkische EU-Beitritt gilt in Österreich geradezu als Beitritt des leibhaftigen Gottseibeiuns.

Quelle dieser Zahlen ist das Eurobarometer. Es wird in seiner Standardform halbjährlich von der Europäischen Kommission in Auftrag gegeben und misst die öffentliche Meinung in allen Mitgliedsländern. Immer dabei sind Fragen nach der Mitgliedschaft als gute oder schlechte Sache, dem Vertrauen in Kommission, Parlament und Rat oder nach der Anerkennung des Euro als gemeinsame Währung. Daneben gibt es jede Menge Spezialstudien, in der von der Internetnutzung bis zu den Essgewohnheiten in der EU so ziemlich alles erhoben und verglichen wird. Das Medienecho ist jedes halbe Jahr groß, um eine Woche später vergessen zu sein. Nur in wissenschaftlichen Texten wird das Eurobarometer häufig zitiert.

Sein inhaltlicher Wert steht außer Streit, methodische Kritiker gibt es trotzdem genug. Übersetzungs- und Lesefehler sorgten bereits für einige Missverständnisse. So wurde in der Zeitschrift *profil* einmal die besonders große EU-Skepsis im Burgenland thematisiert. Mit Interview und allerlei Schlussfolgerungen. Warum ausgerechnet die Burgenländer so stark gegen die EU sind? Sind sie gar nicht. Angesichts besonders vieler Förderungen wäre das auch reichlich kurios. Die Meinungsforscher hatten da ihre Daten durcheinandergebracht, Journalisten und Politiker waren unschuldige Opfer.

Doch die österreichischen Werte der Volksseele zur EU sind generell zu bescheiden, um sich auf politikwissenschaftliche Erhebungsmethoden auszureden. Vor allem fällt auf, dass sowohl gemeinsam mit uns der EU beigetretene Länder als auch die jüngsten Mitglieder besser platziert sind und im Mittelfeld liegen. In Schweden, ebenfalls seit 1995 bei der EU, ist etwa die Hälfte positiv eingestellt und nicht nur ein Drittel wie bei uns. Genauso rund 50 Prozent beträgt die Zahl der EU-Befürworter in den zentral- und osteuropäischen Ländern Slowakei, Polen, Tschechien und Slowenien aus der Erweiterungsrunde im Jahr 2004. Von allen neuen EU-Nachbarländern gibt es lediglich in Ungarn mit Österreich vergleichbare Vorbehalte.

Anti-EU-ropäische Gedankengänge

Warum nur, warum? Im Bereich der persönlichen Vorurteile ist längst eine Negativspirale in Gang gesetzt worden. Dabei bedarf es gar nicht populistischer Marktveranstaltungen, in denen gegen Überfremdung und Schlimmeres gewettert wird. In einer hochanständigen Podiumsdiskussion mit dem EU-Abgeordneten Johannes Voggenhuber von den Grünen erlebte ich, wie diesem ziemlich rüde vorgehalten wurde, keine Steuern zu zahlen und ein besonderes Pensionssystem voller Privilegien zu genießen. Das wäre angeblich im deutschen Magazin *Der Spiegel* gestanden. Ist es nicht und falsch ist es sowieso. Doch die Ablehnung der EU hat sich in manchen Meinungen derart verfestigt, dass bei Halbwahrheiten stets das Schlechte im Kopf behalten wird.

Mitarbeiter von internationalen Organisationen von der UNO bis zur EU zahlen keine nationalen Steuern. Das gilt für auch Angestellte des Europäischen Parlaments. Die dortigen Volksvertreter sind voll steuerpflichtig. Eine spezielle Pensionsregelung für sie gibt es nicht, nur vor Jahrzehnten ist das der Fall gewesen. Es war trotzdem fast sinnlos, das den Zuhörern zu erklären.

Ein hauptsächlicher Grund für die Ablehnung der EU sind Zweifel an deren Leistungsfähigkeit und Bürgerorientierung. Wenn etwas mit Geldern aus Brüssel finanziert wurde, wird das kaum kommuniziert und noch weniger wahrgenommen. Die EU wird in den meisten Fällen mit Negativthemen in Zusammenhang gebracht oder als Verursacher eigentlich hausgemachter Probleme gesehen.

Dafür gibt es objektive Gründe, doch letztlich schuld ist das taktische Spiel der Regionalpolitik damit. Die gescheiterten Verhandlungen über einen neuen Transitvertrag etwa haben vor allem in Tirol zu gleichermaßen ehrlichen Protesten von Bürgerinitiativen wie seltsamen Reaktionen der Politiker geführt. Zum Beispiel wurde ein Landesgesetz erlassen, das – vereinfacht dargestellt – vorschrieb, dass heimische LKWs auf den Autobahnen fahren dürften und für alle anderen ein Fahrverbot gilt.

Wenig überraschend entsprach das nicht dem EU-Recht. Der Europäische Gerichtshof wartete nicht einmal bis zum Urteil, sondern erließ eine einstweilige Verfügung dagegen. Herwig van Staa, seines Zeichens Tiroler Landeshauptmann, sprach daraufhin in einer Rede und der Fernsehsendung »Tirol heute« von einem Justizskandal und stellte den Rechtsstaat in Frage.

Das war im August 2003, einen Monat vor der Landtagswahl. Im Stil Andreas Hofers wurde ein Aufbegehren gefordert, in anderem Zusammenhang sollten gar Tiroler Schützen an der Grenze aufmarschieren. Muss ich erwähnen, dass van Staas Partei eine absolute Mehrheit der Stimmen erhielt?

Ähnliches gilt für die Auseinandersetzung mit dem Nachbarn Tschechien über das Atomkraftwerk in Temelín und über die Beneš-Dekrete. Ein kleiner Teil der Letztgenannten ermöglichte nach 1945 die entschädigungslose Enteignung und Vertreibung der Sudeten- und Karpatendeutschen (sowie der ungarischen Minderheit) aus der Tschechoslowakei. Diese nach dem tschechischen Ministerpräsidenten der Nachkriegszeit benannten Dekrete sind geltendes Unrecht.

Doch in Österreich wurden damit ein Neo-Nationalismus und die nicht ausreichend bewältigte Vergangenheit der Nazi-Zeit und danach verknüpft. Bald war im aufgeheizten Klima keine sachbezogene Stellungnahme mehr möglich. Über sinnvolle Proteste innerhalb der EU sprach niemand, über die Bösen von Prag bis Brüssel schimpften viele. Die EU-Osterweiterung wurde und wird nicht erst seit damals mehr als Gefahr und weniger als Chance gesehen.

Kurios wird die Sache beim lieben Geld. Je nach Berechnungsformel werden zwei Drittel oder mehr der Gesetze, die uns alle betreffen, in Brüssel entschieden. Jedoch setzt das niemand in Relation zu den weniger als einem Zehntel an Abgaben, die wir an die EU leisten. Das Argument, wir würden als Nettozahler mehr geben als bekommen, kennt hingegen jeder.

Auch die teilweise Ablehnung der EU-Verfassung wird unkritisch als Erfolg der Demokratie verkauft, obwohl es in 18 von 20 Ländern eine positive Entscheidung gab. Sieben Mitgliedsstaaten haben – mit Stand Sommer 2007 – die Sache aufgeschoben. Richtig ist, dass vor allem Parlamente dem Verfassungsentwurf zustimmten, während Volksabstimmungen in Frankreich und den Niederlanden negativ ausgingen.

Daraus folgt, dass die EU bei mindestens zwei Gründungsmitgliedern unverändert als ein seitens der Politik von oben erfundenes und nicht durch die Bevölkerung von unten entstandenes Projekt gesehen wird. Das Problem in Österreich ist allerdings weniger, ob man für oder gegen eine solche Verfassung ist, sondern dass den Vertragsentwurf praktisch niemand gelesen hat. Zur Gänze im Umfang von fast 500 Seiten schon gar nicht. Die öffentliche Diskussion bewegt sich dementsprechend manchmal auf Stammtischniveau.

Die EU hat zudem vor allem einen schlechten Ruf, wenn es darum geht, in nahezu allen Bereichen des sozialen Alltags eine positive Rolle zu spielen und für die einzelnen Bürger Lösungen zu finden. Die Gefahr einer persönlichen Arbeitslosigkeit wird als wichtigstes Alltagsproblem gesehen, während gleichzeitig die EU als dafür verantwortlich gilt. Nur wenige verstehen sie als Teil von Gegenmaßnahmen.

Ähnliches gilt für angeblich aufgrund der EU steigende Lebenshaltungskosten, höhere Steuern oder mangelnde Garantien der gesundheitlichen Vorsorge. Lediglich für den im Vergleich viel abstrakteren Begriff einer Verbesserung der wirtschaftlichen Lage traut man der EU ein bisschen etwas zu.

Eine klare Mehrheit meint, dass ihre Stimme in der EU keinerlei Gewicht hätte. Bei den Wahlen zum Europäischen Parlament betrug die Beteiligungsrate in Österreich beschämende 42 Prozent. Es dominierten als Wahlmotiv Protestthemen, die vor allem den Erfolg der Liste Hans-Peter Martin begründeten. Der erklärte Kritiker an EU-Gepflogenheiten wurde von der größten Tageszeitung mit volkstümlicher EU-Kritik unterstützt.

Nach der Wahl 2004 und während der Präsidentschaft Österreichs 2006 widmete sich die Leserbriefseite der *Kronen Zeitung* unverändert in einer speziellen Rubrik der EU-Ablehnung. Über 90 Prozent der Briefe waren negativ. Beim Drittel der EU-Befürworter scheinen keine *Krone*-Leser und -Briefschreiber zu sein.

Das vergessene Thema

In Wirklichkeit wissen die meisten Österreicher über die EU wenig bis gar nichts. Grundkonsens der Politiker aller Länder und Parteifarben ist, dass über EU-ropäische Politik besser informiert werden muss. Dabei ist das Informationssystem der EU das vielleicht beste der Welt. Jedwede Information ist in aller Ausführlichkeit per Mausklick im Internet abrufbar. Das ist wunderbar. Für Leute, die sich professionell damit beschäftigen. Für den Durchschnittsösterreicher ist die dortige Informationsfülle untauglich. Es grenzt an Masochismus, sich durch Unmengen von Materialien zu wühlen.

Ein Europa-Quiz würde vor Peinlichkeiten strotzen. Die »Millionenshow« ist harmlos. Es gibt gemeinere Fragen. Wer kennt – Stand 2007 – a) Janusz Lewandowski, b) Josep Borrell Fontelles, c) Vito Bonsignore und d) Robert Goebbels? Vielleicht tippen für a, b und c einige auf Sportler, andere raten im Kulturbereich. Im Fall d vermutet man gar den Nachkommen eines unseligen Vorfahren. Nein. Es geht weder um Stürmerstars von Real Madrid noch um Opernsänger an der Mailänder Scala. Die sizilianische Mafia und Ewiggestrige sind noch weniger im Spiel. Der Pole Lewandowski ist zwar Leiter des Sportvereins Sobots, doch dürfte ihm der Vorsitz im Haushaltsausschuss des Europäischen Parlaments wichtiger sein. Herr Fontelles ist der spanische Präsident dieser Volksvertretung. Bonsignore aus Italien und Goebbels aus Luxemburg (und nicht Deutschland) sind stellvertretende Chefs von deren stärksten Fraktionen.

Zugegeben, war das fies. Machen wir es leichter. Was passierte am 14. und 15. Dezember 2006? Die Antwort ist vermutlich nochmals falsch. Das war trotz der damaligen Koalitionsverhandlungen nicht der Angelobungstag einer österreichischen Bundesregierung. Vielmehr fand ein EU-Gipfel statt. Einer von vielen, die wir nicht in Erinnerung behalten.

Der Teletest des ORF ist für Nachrichtensendungen insofern ein brutales Messinstrument, als er die Zuseher nicht bloß für eine ganze »Zeit im Bild«, sondern im Minutenrhythmus zählt. Kommt ein routinemäßiger Gipfelbeitrag, so stürzt die Seherkurve ins Bodenlose. Mit

90 Sekunden EU-Meldung kann man als Fernsehmacher sozusagen spielend 100.000 Kunden vertreiben. Lediglich bei konkreten Themen und vor allem Skandalen sieht die Sache besser aus.

Nach dem Theater um die eigene Präsidentschaft 2006 ist das EU-Thema bei uns in der Versenkung verschwunden. Alle Parteien widmeten sich bald mit Lust und Wonne den Niederungen der Innenpolitik. Als wäre die EU für eines ihrer Mitgliedsländer kein Teil derselben. Dabei kann man Bundeskanzler Alfred Gusenbauer und seinem Vorgänger Wolfgang Schüssel viel vorwerfen, nicht jedoch Desinteresse an EU und Europa.

Doch sogar in ihren Parteien gilt: Wer in Brüssel landet, wurde quasi ins Exil abgeschoben. »*They never come back!*« Wenigstens nicht in nennenswerter Funktion. Einzige Ausnahme ist die frühere EU-Parlamentsabgeordnete und jetzige Justizministerin Maria Berger. In fast allen Fällen gingen Politiker nach Brüssel, Straßburg und Luxemburg oder wurden dorthin geschickt, wenn ähnlich einem Schwergewichtsboxer ihre Zeit auf dem heimischen Parkett abgelaufen war.

Hannes Swoboda und Othmar Karas sind als Abgeordnete im Europäischen Parlament international anerkannt. Bei uns galten sie als Wiener SPÖ-Stadtrat und ÖVP-Generalsekretär etwas. Seitdem schert sich niemand um sie.

Doch nur wer frei von Schuld ist, kann mit Steinen werfen. Die Medien sollten es nicht tun. Unterwerfen sie sich der Quoten- und Reichweitenlogik, wird gegen EU-Abschaltreflexe angekämpft. Mögliche Gegenstrategie sind Hurra-Berichte von Dolly Buster bis Hans-Peter Martin. Dolly Buster? Sie war ja 2004 als Parlamentskandidatin aus dem Nachbarland Tschechien eine logische Interviewpartnerin. Mit ausgezeichneten Deutschkenntnissen noch dazu. Der Pornostar veranschaulichte zugleich das Dilemma, in dem sich Journalisten oft befinden. Wenn sich rund 60 Prozent an einer Wahl nicht beteiligen, müssen Fernsehen und Zeitungen über etwas berichten, das fast zwei Drittel ihrer Seher und Leser wenig bis gar nicht interessiert. Daher stürzten sich Journalisten dankbar auf jedes Detail, das sich medial verkaufen lässt.

Die *Kronen Zeitung* erfand mit Hans-Peter Martin ihren eigenen

Kandidaten. Dolly Buster wurde bis hin zum hochseriösen »Ö1 Morgenjournal« ein gefragter Interviewgast. Der Buster-Beitrag wurde direkt vom »Ö3 Wecker« übernommen, wo sonst Opa Kratky und Oma Raithofer als schrille Satirefiguren über die EU witzelten.

Offiziell will Dolly Buster zwar niemand kennen oder gar in ihren Filmen gesehen haben, doch dürfte durch sie wenigstens ein Teil der Männer ungeahntes Interesse an der EU entwickelt haben. Nicht aus politischen Gründen, sondern weil sie Frau Buster auf ihre berufliche Vergangenheit reduzierten.

Der öffentlich-rechtliche Rundfunk und eine Hand voll Qualitätsblätter berichten trotzdem tapfer über europäische Inhalte. Doch Rationalisierungen haben auffällig oft mit der EU zu tun. Der dortige ORF-Büroleiter muss seit Kurzem London mitbedienen. Viele Zeitungen haben bei ihren Auslandskorrespondenten eingespart. Damit wird ein Teufelskreislauf in Gang gesetzt. Es gibt wenig Interesse und dadurch weniger seriöse Medienaufmerksamkeit, was wiederum das Desinteresse erhöht. Und so weiter und so fort.

Der Diskurs, ob Henne oder Ei früher kamen, ist unerheblich. Unter dem Strich bleibt die EU ein vergessenes Thema. Kurzfristig lässt sich nichts machen. Wir sollten uns trotzdem an die Krokodilstränen am Abend der EU-Wahl erinnern. Politiker aller Farben haben die 42-prozentige Wahlbeteiligung begossen. Zur Problemlösung beigetragen haben sie wenig.

Die Schlammschlacht der Wahlen zum Europäischen Parlament 2004

Vom Spesenritter über den Vaterlandsverräter bis zum Möchtegern-Nazi. Im Wahlkampf für das Europäische Parlament wurde in Österreich 2004 kein Untergriff ausgelassen. Hans-Peter Martins erfolgreiche Kandidatur mit einer nicht existenten Partei beruhte auf der fragwürdigen Abrechnung von Reisekosten und Sitzungsgeldern durch Parlamentsabgeordnete. Das sprach perfekt den EU-Ärger der Österreicher an. Noch mehr passte es ins Konzept der *Kronen Zeitung*.

Empörungen anderer Parteien darüber und Medienvorwürfe eines Verfalls der Sitten waren nur in sehr geringem Ausmaß glaubwürdig. Schließlich wollte der Kärntner Landeshauptmann Jörg Haider dem Spitzenkandidaten der SPÖ, Hannes Swoboda, das Wahlrecht aberkennen lassen. Dessen Parteikollege Josef Broukal unterstellte seinen ÖVP/FPÖ-Nationalratskollegen pauschal ein Naheverhältnis zum Nationalsozialismus. Offensichtlich belebten Schmutzkübel das Geschäft auf allen Seiten.

Steht jemand – wie Jörg Haiders FPÖ 2004 – politisch mit dem Rücken zur Wand und/oder verfügt über keine Alternative, sind in Wahlkämpfen negative Töne schnell zur Hand. Die FPÖ war zum Auffallen um jeden Preis gezwungen. Die Umfragewerte waren erschütternd. Ihr Spitzenkandidat Hans Kronberger hatte einen katastrophalen Bekanntheitsgrad. Die Negativkampagne sollte ihm helfen, die Wahrnehmungsschwelle zu überschreiten.

Gewinner der Verbalattacken Jörg Haiders war aber Hans-Peter Martin. Viele seiner Wähler identifizierten sich mit Negativthemen, die von der FPÖ auf die politische Tagesordnung gebracht wurden. Martin hat sich gegen den EU-Beitritt der Türkei oder zur Rolle der SPÖ bei den sogenannten Sanktionen – gegen die Regierungsbeteiligung der FPÖ – kaum geäußert und wurde nichtsdestoweniger auch deshalb gewählt.

Die FPÖ emotionalisierte als unfreiwilliger Wahlhelfer Martins jene Österreicher, die eine Proteststimme abgaben und das logischerweise nicht für eine Regierungspartei tun wollten. Man hat nicht bedacht, dass Negativkampagnen oft auf der falschen Seite Wähler mobilisieren.

Geholfen wurde sogar der SPÖ. In kurzer Zeit verdoppelte sich die gleichfalls bescheidene Bekanntheit ihres von Haider & Co angegriffenen Spitzenkandidaten Hannes Swoboda. Zugleich kam es zu einem Solidarisierungseffekt wahlkampfmüder SPÖ-Funktionäre, die sich plötzlich hoch motiviert gegen Angriffe des Erzfeindes wehrten. Vorher war ihnen Swoboda ziemlich egal gewesen.

Entsprechend orientierungslos war die ÖVP. Sie konnte als Kanzlerpartei weder in Haiders Verbalattacken einstimmen noch den

Hauptgegner SPÖ verteidigen. Zum ÖVP-Glück folgten Josef Broukal und sogar sein Parteichef Alfred Gusenbauer mit ihren Vorwürfen eines schwarzen Trauerns um den Nationalsozialismus und einer Pogrom-Stimmung im Parlament. Die Ergebnisse der Wahlforschung zeigten, dass dadurch weniger SPÖ-Kernwähler angesprochen als Wechselwähler abgeschreckt und empörte ÖVP-Anhänger zum Wahlgang motiviert wurden.

Die SPÖ hatte emotional überreagiert oder einen ähnlichen Fehler wie die FPÖ begangen. Wer immer außer Hans-Peter Martin sich im EU-Wahlkampf zu negativ gebärdete, hat sowohl seiner Partei geschadet als auch sein Berufsfeld – Stichwort Politikverdrossenheit – diskreditiert. Weil das nicht immer so sein muss, stehen uns insbesondere auf Ebene der EU weitere Negativkampagnen bevor.

Größter Verlierer des Wahlkampfs war die EU selbst. Die Motive der Nichtwähler waren am stärksten geprägt durch EU-Enttäuschungen. 76 Prozent empfanden solche. Damit wurde das Wahlkampfthema Spesenritter und Korruption verbunden. Es ist bis heute nicht verschwunden.

Die Parlamentarier werden oft als Teil eines als korrupt angesehenen Systems der EU betrachtet. In Verbindung damit war 2004 auch die Bewertung der Parteien und Kandidaten als sehr schlecht wenig überraschend. 61 Prozent der Nichtwähler waren nicht generell politisch verdrossen, sondern hielten das zur Wahl stehende Angebot für vollkommen unattraktiv.

Was in der EU-Präsidentschaft (nicht) passiert ist

Zum Jahreswechsel 2005/06 überschlugen wir uns mit Spekulationen, welche Prägung die EU-Präsidentschaft in Österreich erhalten würde. Die Vermutungen reichten vom »Wir sind Präsident!«-Jubel bis zur Angst vor üblen EU-Schimpftiraden. Es lag der Verdacht nahe, dass die damalige ÖVP-/BZÖ-Regierung die halbjährige Präsidentschaft als Plattform für Verlautbarungsjournalismus nützen würde. Es wäre viel verlangt, dass Politiker freiwillig darauf verzichten, Medienpräsenz als Wert an sich zu betrachten, und Chancen zur Selbstdarstellung verpassen.

Folgerichtig standen Kanzler und Minister willig Modell für EU-Bilder. Das Fotoservice auf der ÖVP-Internetseite sprach Bände. Die Regierung im Hochglanzformat auf dem internationalen Parkett. Die schönen Fahnen, historischen Gebäude oder hypermodernen Konferenzzentren hatten nichts mit der realen Lebenswelt der meisten EU-Bürger zu tun. So werden Negativeinstellungen gegenüber der EU nicht geändert.

Aufgefallen ist trotzdem oder vielleicht gerade deshalb eher die Opposition. Sei es durch den sozialdemokratischen Versuch, eine EU-Befürwortung und EU-Ablehnung zu kombinieren, sei es durch ein freiheitliches Anti-EU-Volksbegehren. Das Medienecho war für ÖVP, SPÖ und FPÖ gleichermaßen schlecht, weil sie die EU als Trägerrakete für bekannte Slogans der heimischen Politik missbrauchten. Wenn die EU für ein soziales Europa (Wirtschaftsminister Martin Bartenstein), gegen soziale Kälte (Alfred Gusenbauer als damaliger Oppositionschef) oder das »Unsozialgebilde« (FPÖ-Generalsekretär Herbert Kickl) sein sollte, war die taktische Absicht im Wahljahr 2006 allzu offensichtlich.

Aufschlussreich ist der Bundesländervergleich, demzufolge der österreichische Chauvinismus unterschiedlich intensiv war. So waren die Kärntner den Entwicklungen jenseits ihrer Grenzen besonders wenig aufgeschlossen. In der Umfrage für das Eurobarometer sprachen sich null (!) Prozent für den türkischen EU-Beitritt aus. Die angebliche Überschwemmung des kärntnerischen Arbeitsmarktes durch Slowenen lässt grüßen. In Wirklichkeit wollen mehr Südkärntner in Laibach arbeiten.

Immerhin hat die Präsidentschaft 2006 in Österreich einen Aufmerksamkeitsschub für die EU bewirkt. Noch bei der EU-Parlamentswahl galt: »Stellen Sie sich vor, es ist politische Beteiligung und keiner geht hin!« Im Jänner 2006 waren unter den Politikberichten in Zeitungen die EU-Beiträge am häufigsten. Doch diese Häufigkeit sagte nichts über das Ausmaß der Wahrnehmung. Einen Zeitungsartikel sehen und ihn lesen sind zwei verschiedene Dinge. Nur 16 Prozent der

Österreicher wollen Hintergrundberichte zur EU-Politik in den Medien. Hand aufs Herz: Wie oft überspringen wir alle beim Lesen die EU-Themen? Schade. Damit wurde eine Chance verpasst. Die nächste österreichische Präsidentschaft ergibt sich turnusmäßig im Jahr 2019.

Die Marke Österreich in der Welt

Ende Juni überschlugen sich dann die Bilanzen der österreichischen EU-Präsidentschaft. Mehrheitlich waren sie halbwegs gut. Ist das wirklich so wichtig? Letztlich sollte das Österreich-Bild in der Welt etwas sein, das eine bessere Grundlage hat als die durchwachsene Führung EU-ropas in den Jahren 1998 und 2006 bzw. im nächsten Präsidentschaftsjahr, welches nach dem bisherigen Rhythmus 2019 wäre. Im Idealfall verfügt unser Land über eine eigenständige Marke mit mehr Bestand, als man in sechs Monaten gut oder schlecht machen kann.

Theoretisch müsste das österreichische Image im Ausland auch unabhängig davon sein, welche Partei gerade den Bundeskanzler stellt. Nicht zufällig gilt die Außenpolitik als jenes Feld, in dem sich wenigstens die Großparteien ÖVP und SPÖ trotz Theaterdonners in der Öffentlichkeit um einen Grundkonsens bemühen. Es kann ja nicht so sein, dass jeder Wechsel der Regierungsmehrheit uns global zwischen Pariastatus und Retter der Welt schwanken lässt. Vielmehr geht es um außenpolitische Kontinuität sowie um eine langfristige Positionierung Österreichs in der Welt. Gelingt eine solche, würden vielleicht nicht einmal Kuriositäten der Innenpolitik von der FPÖ/BZÖ-Spaltung bis zu den (nicht) zweisprachigen Kärntner Ortstafeln das grundsätzliche Ansehen beschädigen. Sogar die EU-Aufregung über den schwarzen Tabubruch, mit der Haider-Partei zu koalieren, hat sich ja schließlich gelegt.

Das Problem ist, dass Kleinstaaten nach Ende des Kalten Krieges über keinen logischen Stellenwert im internationalen System verfügen. Sie müssen sich ihre Bedeutung und Marke mühsam erarbeiten. In Skandinavien beispielsweise geschieht das. Norwegen schlüpft in die Rolle des weltweiten Mediators, Schweden profiliert sich mit einem neuen Energieverständnis und Finnland wurde nicht erst seit PISA zum Synonym für moderne Bildungspolitik.

Für Österreich stellte lange Zeit die Neutralität eine Marke dar, doch mittlerweile ist diese ein Anachronismus. In die EU-ropäische Zeit nach dem Kalten Krieg von USA und UdSSR passt sie nicht mehr. Weder völkerrechtlich noch politisch. Genauso wird das Modell der Sozialpartnerschaft, zu deren Studium einst Politiker und Experten aus allen Ländern anreisten, mehr und mehr zur Reminiszenz.

Übrig bleiben Sängerknaben, Lipizzaner und Mozartkugeln. Es ist bezeichnend, dass in einer simplen Internetrecherche über offizielle Stellungnahmen zum Österreich-Bild die Auslandskulturpolitik am häufigsten angeführt wird.

Sind wir international demzufolge auf Kulturexporte sowie Peinlichkeiten und späte Großtaten in der Vergangenheitsbewältigung von Kurt Waldheim bis zu den Restitutionen reduziert? Im Unterschied zu den USA, für welche die Verschlechterung des Amerikabildes in der Welt penibel erforscht wurde, fehlt für Österreich gutes Zahlenmaterial.

Subjektiv haben beispielsweise seit 1945 die Deutschen enorm an Profil gewonnen, wir vieles verloren. Ältere Generationen kennen das Klischee vom hässlichen Deutschen, der vielerorts nur als zahlender Tourist willkommen war. Wer im Ausland betonte, dass man trotz sprachlicher Ähnlichkeiten aus Österreich sei, erfuhr einen Beliebtheitsschub. Heute schwanken Reaktionen auf die Betonung des Österreicher-Seins zwischen Belächeln und leichter Distanz.

Die ÖVP-Bundesregierung bis 2006 wurde nicht müde zu behaupten, dass Deutschland uns wirtschaftlich so sehr beneidet. Doch waren es unsere Nachbarn, die im selben Jahr ein internationales Popularitätshoch erfuhren, das schon vor dem bundesdeutschen Fußballwahn der Weltmeisterschaft begann.

Mit Angela Merkel und früher Gerhard Schröder oder CDU und SPD hatte das wenig zu tun, sondern die Deutschen haben ihren Platz in der neuen Weltordnung gefunden. Österreich muss statt Liederträllern und Süßigkeiten in den harten Politikfeldern Sicherheit sowie Wirtschaft und Arbeit weltweit etwas anzubieten haben, um ernst genommen zu werden. Sogar in den USA.

Der salonfähige Anti-Amerikanismus

Was wir von der EU halten, ist nunmehr bekannt. Im Juni 2006 war nicht nur das Ende der österreichischen Präsidentschaft, sondern war auch der angeblich mächtigste Mann der Welt in Wien. Was schreibt man darüber? Über die weltpolitische Rolle der USA und ihres Präsidenten George Bush junior wurde fast schon alles gesagt. Das Spektrum der berechtigten Kritik reicht von der Missachtung des Völkerrechts im Irak bis zur Ignoranz der Menschenrechte im Gefangenenlager Guantanamo.

Vier Fünftel der Menschen zwischen Bodensee und Neusiedler See mögen Bush nicht. Etwa ebenso viele Österreicher hätten ihn nicht gewählt. Weder 2000 noch 2004. Die Zahl derjenigen, die seine Politik für falsch und/oder unverantwortlich halten, ist ähnlich hoch.

Zusätzlich gibt es unter den Österreichern einen sehr vordergründigen und trotzdem salonfähigen Anti-Amerikanismus. Unsere Ängste vor globalen Bedrohungen münden allzu schnell in Schuldzuweisungen an die Supermacht USA. Nach einer kurzen Phase der Solidarität – die französische Zeitung *Le Monde* titelte angesichts der Terroranschläge des 11. September am Tag darauf »Wir sind alle Amerikaner!« – dominiert in der EU ein negatives Bild der USA und ihres Präsidenten.

Eine Ausnahme stellen jene Oststaaten dar, die den Amerikanern ihren Wandel von der kommunistischen Diktatur zur liberalen Demokratie gutschreiben. Die Polen mögen Bush. Im Westen sind positive Erinnerungen aus der Zeit nach dem Zweiten Weltkrieg längst verblasst. Österreich passt ins Bild. Dankbarkeit ist keine politische Kategorie, sagte Bruno Kreisky.

Warum sollten wir auch aufgrund historischer Verdienste die Augen vor aktuellen (Un-)Taten der USA verschließen? Viele anti-amerikanische Vorwürfe sind allerdings von Klischees geprägt. Zumindest verzerrt ist der Eindruck des US-Präsidenten als Cowboy, der durch die Welt schießend jene Ordnung schaffen will, die den Amerikanern passt. Als Bush 2000 um das Amt des Präsidenten kämpfte, tat er das als Isolationist. Er kündigte an, das außenpolitische Engagement der

USA radikal einzuschränken. Das entsprach der republikanischen Tradition, der Innenpolitik auf jeden Fall den Vorrang zu geben. Erst durch Osama Bin Laden wurde Bush zum Weltpolitiker wider Willen. Zu einem schlechten noch dazu. Die USA deshalb als Inbegriff des Bösen zu sehen, ist unlogisch.

Wahr ist, dass Europa es verabsäumt hat, weltweit Ordnungsaufgaben zu übernehmen. Das kleine und neutrale Österreich kann sich abputzen, doch was haben große NATO-Länder erwartet, nachdem sie jedwede sicherheitspolitische Verantwortung an die USA abgeschoben hatten? Wenig überraschend fragt die einzige Supermacht für ihre Militäraktionen weder nach der Meinung der Verbündeten noch nach Details des Völkerrechts.

Das Dilemma ist, dass berechtigte Kritik an den USA und ihrem Präsidenten an Wert verliert, wenn sie populistisch ist. Von Manipulationen im Registrierungsverfahren der Wähler über Verflechtungen der Bush-Regierung mit Großkonzernen bis zu den Menschenrechtsverletzungen müssen wir betont sachlich argumentieren. Wer marktschreierisch behauptet, dass George Bush a) ein Wahlbetrüger, b) ein korrupter Politiker, c) indirekt ein Mörder sowie d) ein Idiot wäre, findet zugegeben viele Anhänger. Letztlich stärkt man trotzdem den Angegriffenen. Den Slogan »Wir wählen, wen wir wollen!« kennen wir ja bestens. Der jetzige Präsident darf kein drittes Mal kandidieren, doch würden sich genug Bush-Klone oder vielleicht gar sein Bruder Jeb finden lassen.

Der Unterschied zwischen Bush und Clinton ist, dass Letzterer genug PR-Talent besitzt, um sein Nicht-Eingreifen beim Völkermord in Ruanda als schwersten politischen Fehler anzugeben. Ob ihm das schlaflose Nächte bereitet, ist nicht überprüfbar. Doch sind solche Gedanken immerhin ein Anfang. Bush und seine Republikaner sind beim Irak weniger einsichtig.

Wir sollten uns jedenfalls nicht darauf beschränken, die USA als Weltpolizisten anzuprangern. Das hat den Beigeschmack der Scheinheiligkeit, weil die EU keine Konzepte für einen atomar aufrüstenden Massenmörder in Nordkorea anzubieten hat. Zudem waren es manchmal auf den Irak bezogene Pseudo-Pazifisten, die am lautesten nach dem US-Militär riefen, als es darum ging, Milošević in Serbien zu stürzen. Das Aufzeigen des Nichtstuns der Amerikaner für die Ärmsten der Armen in der Entwicklungspolitik wäre glaubwürdiger und ist mindestens genauso wichtig.

Alle Jahre wieder 9/11

Jährlich grüßt das Murmeltier. Immerhin erfolgt am elften Tag jedes Septembers ein Gedenken an den Terroranschlag, der angeblich bewirkte, dass nichts mehr ist, wie es einmal war. Betrachtet man das nationale und internationale Medienecho zur Wiederkehr des 11. September 2001, gibt es wenig zu sehen. Der Feuerball der Flugzeugeinschläge im World Trade Center, die Staubwolken in den Straßen von New York und der Tränenschleier tragischer Einzelschicksale verunmöglichen tiefer gehende Blicke. Der Erkenntnisgewinn ist minimal.

Vom renommierten *Der Spiegel* bis zum Revolverblatt werden Gedenkberichte kalendarisch auf Ende August vorverlegt. Produktionstechnische Gründe sind dafür eine wunderbare Rechtfertigung. In Wahrheit zeigt sich, dass das Terrortrauma weniger inhaltliches Anliegen als Teil eines medialen Wettrennens um buntere Bilder und größere Schlagzeilen ist.

Wir leben zugleich im Zeitalter der technischen Wiederholbarkeit von Erinnerung. Man könnte als Rechercheaufgabe alle Gedenktexte durch eine Plagiatsfinder-Software jagen. Dabei geht es nicht darum, ein paar Abschreibübungen zu erschnüffeln. Zu befürchten ist vielmehr, dass sich das Ideenspektrum auf rührselige Erinnerungen oder banale Beschreibungen des Ist-Zustands reduziert.

Wenn gar Promis anstatt Betroffener schildern, was sie am 11. September erlebt haben, dürfte das Jahr für Jahr dieselbe Geschichte bleiben. Wenn nicht, bringt es uns noch weniger. Trotz der globalen Bedeutung der Terroranschläge und ihrer Folgen nähme die Welt keinen Schaden, würde man 90 Prozent der Jubiläumsberichte dazu ersatzlos streichen.

Natürlich sollen historische Ereignisse unermüdlich ein Thema sein. Rechnerische Gedenktage sind im Bemühen um entsprechende Gedanken eine Hilfe. Jede noch so klitzekleine Wissenserweiterung ist aber nur möglich, wenn inhaltliche Kriterien beim Erinnern wenigstens eine Nebenrolle spielen. Politische und journalistische Inszenierungen zwecks Breitenwirkung sind nur legitim, falls Jahrestage zumindest irgendetwas aussagen.

Nach einer langen Verdrängungs- und Lethargiephase ist das sogar für die Zeit des Nationalsozialismus und des Zweiten Weltkriegs der Fall. Nur in den Erinnerungen an den Terror des 11. September ist es bislang beim Medienspektakel mit Endlosschleifen geblieben. Dass die USA geschockt waren und böse reagierten, um dadurch mächtig unpopulär zu werden, bedarf keiner Sonderbeilagen in den Zeitungen und Spezialsendungen im Fernsehen.

Was haben wir etwa in den vergangenen Jahren über das Phänomen Terrorismus dazugelernt? Dass Anschläge gefährlich und menschenverachtend sind, dürfte sich herumgesprochen haben. Ansonsten war fast ausschließlich von der Banalität, dass es gesellschaftliche und religiöse Hintergründe gäbe, und dem seltsamen Schlagwort eines Franchise-Systems von Al Kaida zu lesen.

Zweifellos lässt sich in wenigen Stunden ein Pressespiegel mit hochwertigen 9/11-Berichten erstellen. Repräsentativ ist er nicht. Hans Leyendecker, journalistischer Doyen der *Süddeutschen Zeitung*, bezeichnete seine nach und über den 11. September 2001 berichtenden Berufskollegen als Borderliner zwischen Dichtung und Wichtigtuerei.

In jedem Fall empfehle es sich, aus Belanglosigkeiten zu zitieren, die irgendjemand als vertraulich erklärt. Derart gewonnene Erkenntnisse müssten nicht noch einmal überprüft werden. Warum sollte man sich nach mehreren Jubiläumsjahren unnötige Zusatzarbeit aufhalsen und eine ewig reproduzierbare Geschichte kaputt machen?

So gesehen ist meine persönliche Erinnerung an den Tag der großen Terroranschläge unpassend. Sie zu erzählen, ist jedoch menschlich. Zudem bekommt man dadurch Einblicke in die Medienrealität. Ich saß nachmittags harmlos im Büro der Innsbrucker Universität, als meine Mitarbeiterin hereinkam. Im Jogginganzug. Sie arbeitete halbtags, war längst nach Hause gegangen und zum Nachmittagssport aufgebrochen. Mit Radio und Kopfhörern. Was sie da mitbekam, veranlasste sie vom Innufer zu mir abzuzweigen.

Fernseher ein und Fassungslosigkeit. Da ich Bücher über die USA geschrieben hatte, war da zugleich das Gefühl, mehr wissen oder gar etwas tun zu müssen. Das war lächerlich und doch nicht zu unterdrücken. In dieser Hinsicht erlöste mich ein Anruf des ORF in Tirol. Ich möge bitte zur Sondersendung ins Studio kommen. Was ich dort sollte, blieb in der allgemeinen Verwirrung ziemlich unklar.

Ich konnte immerhin meine Bedingung anbringen, vor einem Computer mit den Meldungen aller Nachrichtenagenturen sitzen zu dürfen. Dadurch wurde ich freilich kaum schlauer. Jedenfalls nicht für die erste Frage auf Sendung, ob ich jemanden von den Opfern kennen würde, weil ich einmal in den USA gelebt hätte. Das war erstens in Washington D. C. und nicht New York und zweitens vor vielen Jahren gewesen. In einem Land mit 250 Millionen Menschen. Alle Toten waren außerdem noch namenlos.

Doch wir waren eben alle im Ausnahmezustand. Auch ein Journalist, der bis zum ersten Flugzeugeinschlag harmlos eine Musiksendung moderiert hatte. Schließlich ergingen wir uns in pseudo-politikwissenschaftlichen Spekulationen, wer die Täter waren. Oder etwas seriöser über die innen- und außenpolitischen Kompetenzen des US-Präsidenten als Oberbefehlshaber der Streitkräfte. Der Vergleich mit Pearl Harbor war bloß eine Frage der Zeit.

Zwischendurch taten Interviewer und Experte das, was alle machten. Auf den Bildschirm und in unserem Fall CNN schauen. Nach zwei Stunden war das überstanden und ich fuhr nach Hause. Zum nächsten Fernseher und zum nächsten Computer mit Internetanschluss.

Kaum daheim angekommen, läutete das Telefon. Es war 18 Uhr 52 Minuten und der ORF wollte, dass ich sofort nochmals ins Studio komme. Diesmal nach Wien. Keine Chance, erklärte ich bedauernd. Das letzte Flugzeug ging um 19 Uhr und das war nicht zu schaffen. Vier Stunden rasende Autofahrt kamen nicht in Frage. Ende der Geschichte? Von wegen.

Um 18.55 Uhr das nächste Klingeln. Ich sollte mich sofort ins Taxi setzen und zum Flughafen fahren. Offenbar war ich an diesem Tag sehr autoritätsgläubig, denn ich folgte ohne Nachfragen. Im Taxi der dritte Anruf. Die Fluglinie sei informiert, der Flieger werde auf mich warten. Mein schüchterner Hinweis, dass ich kein Ticket hätte, wurde ungeduldig abgetan. Einfach zum Flugsteig und durchgehen, die würden Bescheid wissen.

Das stimmte, was die AUA-Angestellten betraf. Doch zuvor muss man auf Flughäfen bekanntlich durch die Sicherheitskontrolle. Ich klingelte beim Durchleuchten wie der Weihnachtsmann und stammelte, dass ich kein Ticket hätte und trotzdem nach Wien müsste. Obwohl von den Wachleuten keiner vorinformiert war, wurde ich gegen das Gelöbnis, kein Massenmörder zu sein, durchgelassen.

Am 11. September. Der Rest ist weniger dramatisch. Nahezu drei Tage lang wurden die beschriebenen Spekulationsanalysen fortgesetzt. Denn das Paradoxe war, dass es über Täter und Hintergründe im Prinzip keine neuen Informationen gab, nachdem das letzte Flugzeug abgestürzt war. In den Sendepausen schaute daher weiterhin jeder selbst fern. CNN natürlich. Die sonst so beliebten Sportsendungen waren uninteressant.

VII. Die sportliche Republik: Brot und Spiele?

Im Februar 2007 gab es in den heimischen Zeitungen Überschriften in einer Buchstaben- und Bildgröße, welche der Wiederkehr Christi auf Erden würdig waren. Es gab – so die Schlagzeilen der *Kleinen Zeitung* wörtlich – innerhalb weniger Tage das totale Debakel des Landes, die Erlösung der Nation und ein Waterloo der Österreicher. Erst das Ende war gut und daher alles gut. Das klingt nach Kriegszustand.

Sind wir am Weltuntergang vorbeigeschrammt? Nein. Es ging um rostiges Blech für Hermann & Co sowie goldiges Gold für Niki und Super-Mario. Maier verlor, Hosp und Matt gewannen grandiose Slaloms. Die Politik hatte große Pause. Dabei hatte der zuständige Staatssekretär für Körperkultur zuvor gezeigt, dass man es als Ex-Generalsekretär der ÖVP aus den negativen Wahlkampfberichten auf die prestigeträchtigen Sportseiten schaffen kann. Beim Gerben der Kuhhaut durch die Herren Maier und Assinger wurde jedoch Reinhold Lopatka zum piepsenden Mäuschen.

Zur Erklärung: Armin Assinger hatte als ORF- und *News*-Kommentator Hermann Maiers Kritik am Schi- und Schuhmaterial attackiert: »Das geht auf keine Kuhhaut!« Der angesprochene 53-fache Weltcupsieger konterte auf seiner Internetseite mit der Quizfrage, wie viele Siege Assingers auf besagter Tierumhüllung Platz fänden. Es wären vier gewesen. Das Rauschen im Blätterwald glich einem Orkan. Österreichs Schiidol hatte gesprochen.

Es liegt auf der Hand, dass Maier & Co mit jeder markigen Aussage zu einem beliebigen Thema ein Medienecho auslösen könnten, das alle Reaktionen auf Inszenierungen der Politik vielfach übertrifft. Das Muhen des Schisports überschattet alles, vielleicht weil nach der Satireseite *www.kuh.at* 83 Prozent der Gene von Humanoiden und Rindvieh identisch sind. Interessiert sich deshalb niemand für Politik, obwohl diese nichts Geringeres regelt als unser Leben?

Immerhin sahen am Donnerstag der weltmeisterlichen Schiwoche

2007 1,3 Millionen Staatsbürger auch die »Zeit im Bild 2«. Leider lag das ausschließlich am vorher übertragenen Opernball. Offenbar hatten nicht alle schnell genug den Finger am Abschaltknopf. Oder ihren Hintern zu spät von der Couch erhoben.

Am Tag der Hosp'schen Siegesfahrt im Riesenslalom verzeichnete die angeblich beste Informationssendung des Landes nicht einmal 550.000 Zuschauer. Die carvende Tirolerin hatte mehr als das Doppelte als Fans. Das erinnert an Brot und Spiele im antiken Rom.

Es wäre langweilig, zum hundertsten Mal das Phänomen des *infotainment* zu beklagen. Nachrichten müssen kurzweilig sein. Die Gegenthese lautet, dass Österreich sein Sporttheater mehr braucht als den berühmten Bissen Brot. Ohne ein derartiges Spektakel hat kein Gemeinwesen Bestand. Nicht Politik, sondern Unterhaltung löst Gemeinsamkeit aus.

Insofern ist ein Problem der abrutschenden Schifahrer keines der unzureichenden Ergebnisse. In Wahrheit müssten wir trauern, dass Schnee weniger emotionalisiert als früher. Darunter leidet die Zusammengehörigkeit. Als die Schweizer den Schisport beherrschten, gab es einen Bruchteil der jetzigen Erfolge. Doch unser Mikrokosmos war in Ordnung. Die Alpenrepublik stand geschlossen hinter ihren Dauerzweiten und Gelegenheitssiegern.

An dieser Stelle gerät das Loblied auf den guten Sinn von Brot und Spielen für die Politik ins Stottern. Denn vor allem Vorurteile stärken das Wir-Empfinden. Fremde Feindbilder bis hin zum Rassismus führen zum nationalen Schulterschluss. Die Schwedin Anja Pärson und der Norweger Aksel Lund Svindal erwiesen sich beim Maier'schen Debakel als dafür ungeeignet. Sie sind als weltmeisterliche Schifahrer zu sympathisch. Was wir wollen, sind größenwahnsinnige Deutsche oder hinterhältige Italiener als Hauptgegner. Im Sport wenigstens. Das passt zur Europameisterschaft im Fußball 2008 in Österreich.

Systemzusammenhänge von Sport und Politik

Unsere Gesellschaft ist kompliziert und komplex. Zur Bewältigung der Komplexität gibt es Teilsysteme, um sie zu organisieren. Politik hat die Aufgabe, Entscheidungen zu treffen, die alles regeln. In Österreich als Demokratie geschieht das durch Gesetze oder Verordnungen, die Rechte und Pflichten von Bürgern sowie Leistungen des Staates und für den Staat festlegen.

Die Wirtschaft versorgt uns mit Gütern und Dienstleistungen. Das Teilsystem Medien garantiert den Kommunikationsfluss zwischen den Österreichern. Ursprünglich durch Herolde auf dem Marktplatz und Anschlagtafeln. Später durch Zeitungen und inzwischen durch das Fernsehen sowie mittlerweile das Internet. Welche gesellschaftliche Funktion hat der Sport?

Natürlich fördert sportliches Training die körperliche Bewegungsfähigkeit und eine gute Gesundheit der Österreicher. Darum geht es aber nicht. Unternehmer machen durch den Sport Millionengeschäfte. Massenmedien begründen ihren Stellenwert sowie mittelbar ihre Einnahmen durch Sportberichte und deren Reichweite. Es stellt sich die Frage, ob der Sport durch andere Gesellschaftsbereiche instrumentalisiert oder sogar missbraucht wird.

Wir sind da toleranter als sonst. Das merkt man bereits an den wirtschaftlichen und medialen Bezügen von sportlichen Ereignissen. Es ist ein Standardargument, dass Olympische Spiele, Welt- und Europameisterschaften in jeder Sportart eine hohe Umwegrentabilität bringen. Unabhängig von der Höhe der investierten Steuergelder als Ausgaben seien nicht genauer definierte Einnahmen noch höher. Die Tourismuswerbung wäre sowieso unbezahlbar. Das Dilemma der womöglich richtigen Rechnung ist, dass 99,99 Prozent der Bürger sie mangels Studiums der Volkswirtschaft weder nachvollziehen noch überprüfen können.

Offensichtlich ist der behauptete Nutzen des Sports für die Politik. Dabei verknüpfen Spitzenpolitiker ihren Fanstatus durchaus mit der Geldverantwortung. Ein hochrangiger Gewerkschaftsfunktionär ist Präsident von Austria Wien. Jener von Erzrivale Rapid war einmal

Finanzminister. Jörg Haider profilierte sich als Fußballpräsident in Kärnten. Umgekehrt wurde Präsident Hannes Kartnig zu Glanzzeiten von Sturm Graz als Quereinsteiger in die Politik gehandelt. Vor seiner privaten und beruflichen Pleite.

Auf alle Fälle ist es ein Thema, dass finanzmarode Vereine von der öffentlichen Hand zu unterstützen sind. Einen Fußballverein ohne Rettungsversuch in den Konkurs zu schicken, wagt selten ein Regionalpolitiker. Das ist insofern faszinierend, als Geld auszugeben sowohl unpopulär als auch allgemein ein Tabuthema ist.

Doch der ORF bekommt Ärger, wenn er sich weigert, Unsummen für Übertragungsrechte von Fußballspielen bereitzustellen. Egal, ob eine Europameisterschaft bei uns stattfindet und wir Mitspieler sind. Oder wie seit mehr als einem Vierteljahrhundert üblich in der Qualifikationsrunde ausscheiden.

Politiker vom Bundeskanzler bis zum Bürgermeister einer Kleinstgemeinde glauben, mit ihrer Anwesenheit auf Sportveranstaltungen Wählerstimmen oder wenigstens Sympathien zu gewinnen. Ob das beim Schi-Weltcup in den Alpen oder für ein Fußballspiel auf dem Dorfplatz ist.

Bezeichnenderweise gibt es kaum Fotos, auf denen 2006 Heinz Fischer, Alfred Gusenbauer und Wolfgang Schüssel gemeinsam zu sehen waren. Auch nicht während der Koalitionsverhandlungen. Damals gab es Zweiergespräche der Kanzlerkandidaten, über welche der Bundespräsident unter vier Augen informiert wurde. Als Klassiker des flotten Dreiers gilt ein Bild vom Nachtslalom in Schladming. In hübscher Schimode mit Käppchen und in seltener Eintracht jubelnd.

Machen wir ein Gedankenexperiment: Welcher Politiker kann sich einer Sportveranstaltung verweigern, weil er sie für defizitär, schlecht oder langweilig hält? Ein Kulturstaatssekretär unter Umständen, sonst niemand. Der vermeintliche Imageschaden gilt zumindest für Männer als zu groß.

Geht es um die Europameisterschaft im Fußball, prügeln sich Bundeskanzler Gusenbauer und Sportstaatssekretär Lopatka nahezu darum, vor der Kamera den ersten Platz zu erreichen. 99 Prozent der Österreicher ab 15 Jahre sehen fern, 70 Prozent verfolgen Sportübertragungen. Die Oppositionsparteien können es sich bestenfalls wutschnaubend vor dem Fernseher bequem machen.

Vor allem beim Fußball ist in Österreich die verpflichtende Anwesenheit der Politik ein bisschen absurd. Politiker und Fußballspieler sind Schlusslichter unter den vertrauenswürdigen Berufen. So lautet jedenfalls das Ergebnis der Studie *Reader's Digest European Trusted Brands* 2007. 97 Prozent der Österreicher halten Feuerwehr und Fliegerei als Beruf für vertrauenswürdig. Bei den heimischen Profikickern tun das jämmerliche 13 Prozent. Ohne Punkteabzüge, weil der Befragungszeitraum vor dem Konkurs-, Klage- und Kasperltheater der Bundesliga im März 2007 war. 8 Prozent vertrauen Politikern. Das ist die Hälfte der Vertrauenswerte für Autoverkäufer und weniger als ein Sechstel jener von Taxifahrern. Warum sich also Politiker ausgerechnet Schulter an Schulter mit Fußballern präsentieren, ist zunächst unlogisch. Der Schulterschluss mit Feuerwehrmännern, Piloten, Apothekern, Krankenschwestern oder sogar Wissenschaftlern wäre vorteilhafter.

Theoretisch sind Politik und Sport übrigens in einem Punkt sehr verschieden, der erklärt, warum wir den Sport mögen und die Politik nicht. Sportwettkämpfe haben einfache und uns bestens bekannte Regeln. Ablauf und Form sportlicher Konflikte versteht jeder. Ergebnisse können sofort in Zahlen ausgedrückt werden. Politische Regeln sind viel komplizierter und für uns oft unklar. Manchmal sind sie vielen Österreichern unbekannt, nicht nur beim Wahlrecht.

Streitigkeiten in der Politik werden auf vielen und großteils nicht sichtbaren Ebenen ausgetragen. Unfairness gibt es da und dort, doch empfinden wir sie politisch als gemeiner, weil wir sie weniger durchschauen. Konsequenzen sind in der Politik anders als beim Sport selten in Sekundenschnelle messbar, sondern treten mittel- und langfristig als schwerwiegende Folgen mit nicht abzuschätzender Wirkung auf. Beim Sport kann ich fast alles morgen bereits vergessen.

Das und die Macht der schönen Bilder machen den Sport viel attraktiver als Politik. Hinzu kommt der Wille des Publikums, um jeden Preis an das Gute zu glauben. Die *Süddeutsche Zeitung* schrieb anlässlich der Olympischen Winterspiele 2006 in Turin treffend, dass wir jeden Politiker für einen Halunken halten. Für Sportler gilt selbst bei nachgewiesenem Verschulden die Unschuldsvermutung.

Das führt dazu, dass Politiker ohne Beweis unter dem Generalverdacht unlauterer Machenschaften stehen. Wer sagt, dass alle Politiker korrupt sind, macht sich an den Stammtischen beliebt. Wer behauptet, dass einige Schnee- und Rasengrößen aus Österreich dopen, stellt sich hoffnungslos ins Abseits.

Der Schifahrer Hans Knauss wurde rechtmäßig und rechtskräftig wegen Dopings gesperrt. Er blieb ein Provinzheld und wurde Kommentator des ORF. Daher zeigen sich Politiker gerne beim Sport an der Seite von Sportlern.

Sport- und Nationalstolz der Politiker

Politiker, die durch kameragerechtes Mitjubeln über ein Tor im Fußball Stimmenmaximierung betreiben, sind zu verkraften, da sie auch das Risiko der Lächerlichkeit tragen. Spätestens dann, wenn sie ihre Jugendträume als Mittelstürmer verwirklichen wollen. Bei Herren mittleren bis höheren Alters macht das selten ein gutes Bild. Einem Bürgermeister mag das bodenständige Schwitzen helfen, Kandidaten für das Amt des Bundespräsidenten weniger.

Ebenso sollte man vorsichtig sein, sich als Marathonläufer abbilden zu lassen. Nach Kilometer 30 sieht das meistens wenig vorteilhaft aus. Bundeskanzler Gusenbauer spielt ausgezeichnet Tischtennis, doch bedeutet das nicht, dass dabei und dafür inszenierte Medienbilder vorteilhaft wirken. Auch ist er zufällig wirklich ein Läufer, doch im Joggingdress mit Schweißflecken sah er vor dem Parlament und auf der Innenpolitikseite des *Kurier* weniger dynamisch aus. Als Gusenbauer im Wahlkampf auf Bergtour ging, wurden seine im Schritt besonders hautengen Leggins zum Hauptgesprächsthema.

Wolfgang Schüssel betätigte sich als Bundeskanzler als Eisstockschütze, um prompt auf dem Hosenboden zu landen. Was jeweils im Fernsehen gebracht wurde. Irgendwann verlieren Thesen ihre Gültigkeit, dass jeder Medienauftritt wertvoll wäre, Menschen Hoppalas als menschlich lieben und durch solche Stolperer wirkliche Abstürze der Parteien in den Hintergrund gedrängt werden.

Nicht einmal Politikwissenschaftler sind vor Hoppalas der anderen Art gefeit. Mein Kollege Anton Pelinka war Studiogast in der »Zeit im Bild 2«. Nach Wien zugeschaltet aus dem Landesstudio Tirol. Zu einem politischen Thema natürlich, auf dem anderen Kanal regierte König Fußball. Offenbar funktionierte der Knopf im Ohr nicht so, wie er sollte. Jedenfalls beklagte sich Pelinka entnervt, ob man ihm nicht endlich den schwachsinnigen Fußball abschalten könne. Nicht wissend, dass er auf Sendung war. Im Nachrichtenprogramm. Ganz Österreich schmunzelte darüber. Die Tiroler, vormals Heimatland einer Meistermannschaft, sahen es weniger humorvoll. Fußballfans dürften in ihren Vorurteilen gegen Politikwissenschaftler bestärkt worden sein.

Das Beispiel zeigt zugleich die Bedeutung des Regional- und Lokalstolzes im Sport für die Politik. Niederösterreichs Landeshauptmann Erwin Pröll hat im Vergleich zum Sport kulturellen und wissenschaftlichen Großprojekten fast mehr Stellenwert eingeräumt. Wenn auf dem Semmering nach Weihnachten Schi gefahren wird, steht er trotzdem in der ersten Reihe. Die Rückkehr der niederösterreichischen Doppelolympiasiegerin Michaela Dorfmeister aus Turin erfolgte 2006 an seiner Seite. Und auf allen Titelseiten.

In der Steiermark gibt es mit Franz Voves einen Ex-Eishockeyspieler als Landeshauptmann, was Teil der persönlichen Geschichte im Wahlkampf und danach wurde. Ein Villacher Bürgermeister, der kein Eishockeyfan ist, braucht im Wahlkampf gar nicht anzutreten. Für mehrere Vorarlberger Städte galt bis in die neunziger Jahre dasselbe.

Herwig Schmidl, früherer Chefredakteur des *Kurier* in Tirol, erzählte gern folgende Geschichte: Der FC Tirol spielte gegen Rapid Wien und lag lange Zeit in Führung. In der 90. Minute musste man den Ausgleich hinnehmen. Die Sportschlagzeile wurde von Wiener und nicht Tiroler Journalisten gemacht. Sie lautete: »Rettung in letzter Sekunde!« Man kann sich vorstellen, was Schmidl im heiligen Land zu hören bekam. Einem Politiker wäre das ewig nachgetragen worden.

Das runde Leder

Wenn 22 schwitzende Männer für 90 Minuten einen Ball verfolgen, hat das vordergründig mit Politik nichts zu tun. Doch sie tragen auf ihren Trikots ein Staatswappen und werden von 50.000 oder mehr schreienden Menschen beobachtet, die sich meistens fantasievoll in ihre Nationalfarben kleiden. Von Millionen nationalen Besserwissern vor dem Fernsehbildschirm ganz zu schweigen. Eine Fußball-Europameisterschaft, 2004 in Portugal und 2008 in Österreich, als Event-Kultur zu sehen, ist demzufolge weniger ein Ballspiel als vor allem ein politisches, wirtschaftliches und mediales Spektakel.

Theoretisch ist im Zeitalter von Globalisierung und europäischer Integration der Wettbewerb von Nationalmannschaften ein Anachronismus. Doch durch eine Europameisterschaft im Fußball werden Länder der Europäischen Union, die seit dem 1. Mai 2004 politisch und wirtschaftlich enger als jemals zuvor in Verbindung stehen, emotional verknüpft.

Was wäre ansonsten die Bezugsgröße von Portugiesen und Letten als EU-Partnerländer gewesen? 2008 kommen Österreich und die Schweiz den Rumänen oder Bulgaren auf elf Meter nahe. Egal, wer den Strafstoss kickt, man kennt zehnmal mehr dortige Fußballspieler als Regierungsmitglieder.

Innerstaatlich stellt Fußball einen zentralen Faktor für die Selbstfindung der neuen EU-Mitgliedsländer dar, die für fast ein halbes Jahrhundert Teil des Ostblocks und ehemalige Sowjetrepubliken waren. Die Mehrheit der lettischen Spieler spricht Russisch besser als die Landessprache. Das ballesterische Auftreten mit Hymne und Flagge war aber für die Staatsentwicklung nahezu unverzichtbar.

Parallel dazu kommt es zur internationalen Akzeptanz, wenn Österreich durch einen rollenden Ball mit seinem (welt-)meisterschaftlichen Qualifikationsgegner Aserbaidschan in Verbindung steht. Für viele Österreicher sind Länderspiele und ihre Begleitberichterstattung über Land und Leute der Minimalfall einer EU-ropäischen politischen Bildungsarbeit.

Natürlich gibt es ungleich dramatischere Negativbeispiele der

Systemzusammenhänge von Sport und Politik. 1969 prügelten sich Fußballfans aus Honduras und El Salvador, wenig später kämpften die Armeen dieser Länder um Leben und Tod. Der als Fußball-Krieg titulierte Grenzkonflikt dauerte 100 Stunden, bedeutete aber das Ende der jahrzehntelangen Bemühungen um eine zentralamerikanische Integration inklusive gemeinsamem Markt.

Fast unheimlich ist das deutsche Beispiel der politischen Einflüsse des Fußballs, nicht nur durch den WM-Titel mittels Wunder von Bern 1954 als Symbol von Wiederaufschwung und Wirtschaftswunder. Die Vorstellung eines Zusammenhangs zwischen Zinedine Zidane und Helmut Kohl scheint inhaltlich und optisch absurd zu sein. Doch gibt es einen Doppelpass von Fußball und Politik, meinte Buchautor Norbert Seitz.

1998 triumphierte Frankreich im eigenen Land und Deutschland scheiterte bei der Weltmeisterschaft kläglich. Parallel dazu endete Kohls Regierungszeit wenig ruhmreich, während der aufstrebende Gerhard Schröder wohlweislich das letzte Spiel seiner Nationalmannschaft aus Imagegründen nicht besuchte. 2002 errang Schröder einen überraschenden Wahlsieg, nachdem die deutsche Mannschaft sich mit viel Glück zur allgemeinen Verwunderung ins Finale manövriert hatte. 2004 versank Deutschland ohne Schröder im portugiesischen Sand und 2006 verfügte man als Veranstalter über relativ geringe Gewinnchancen.

Die Wahrscheinlichkeit einer Wiederwahl der Kanzlerpartei glich dem Fußballdebakel. Als es zur Sensation kam und Deutschlands Mannschaft in einem Sommermärchen den dritten Platz belegte, war es für die SPD zu spät und die Wahl verloren. Vielleicht hätte man sie nicht vorziehen sollen, hatte doch *Die Zeit* 2004 vorausschauend von der ersten Regierung Jürgen Klinsmann geschrieben.

Ein Hauptelement des Erfolges von Silvio Berlusconi als Wahlkämpfer und italienischer Ministerpräsident war nicht bloß die Nutzung des Mediums Fernsehens. Das war für den Inhaber von mehreren Sendern ein Leichtes. Als Clou erwies sich die sprachliche Anpassung an das zuhörende Publikum. Dazu zählten Verlautbarungen nach dem Muster der Werbung für Markenartikel und der Parteiname nach einer Fußballparole. *Forza Italia* hieß es in Verbindung mit Negativkampagnen gegen politische Gegner und vor allem linksgerichtete Bewegungen.

In seinem Kommunikationsdreieck bildete Berlusconi folgende Eckpunkte: Erstens eine Idealisierung seiner Person. Der erfolgreiche Unternehmer wurde als Retter der Nation dargestellt. Die fußballerische Erfolgsgeschichte seines AC Milan war für dieses Image ein wichtiger Mosaikstein. Zweitens die Identifikation. Via Massenmedien wurde den Wählern »Ich bin einer von euch!« signalisiert. Wer konnte das besser behaupten als der Präsident des besten Vereins in einer Sportart, die Sonntag für Sonntag zur Ersatzreligion wird? Drittens die Projektion von negativen Entwicklungen auf den Gegner. »*Gil atri sono cattivi.*« (»Die Bösen sind die anderen!«)

An dieser Stelle passte auch die Unterscheidung zwischen *Azzurri* als die Guten zur Bezeichnung von Anhängern Berlusconis und *Rossi* als die Linken perfekt ins Bild. Das Rollenspiel könnte den Vorberichten eines Fußballderbys in Mailand entnommen sein. Schade, dass Berlusconis Ballspieler nach den rot-schwarzen AC-Klubfarben *Rossoneris* sind.

Vielleicht endete Berlusconis Amtszeit nicht zufällig zeitgleich mit dem größten Korruptionsskandal des italienischen Fußballs im Frühjahr 2006. Der größte Triumph kam mit dem Weltmeistertitel im Sommer um drei Monate zu spät.

Fußballwahn in Österreich

Für Balltreter liegen zwischen Sieg oder Niederlage oft nur die Millimeter zwischen Innen- und Außenstange. Oder ein Elfmeterpfiff entscheidet alles. Manchmal wird das Spiel sogar durch ein Liga-Urteil beendet. Aus und vorbei. Österreichs nationale Fußballmeisterschaft versank im Frühjahr 2006 im Sumpf von Konkursanträgen und Punkteabzügen.

Doch nicht nur für die betroffenen Grazer Vereine GAK und Sturm ist Fußball eine Gratwanderung. Ganz Österreich und seine Politiker vollführen mit der Heim-Europameisterschaft einen Drahtseilakt. Erfolg und Misserfolg hängen am seidenen Faden, den der Wind in die eine oder andere Richtung schwingt. Man pendelt zwischen Sommermärchen in den Alpen und Albträumen aller Sportveranstalter.

Vor dem Großereignis ist jeder Kritiker eines Treffens von Europas angeblich besten Kickern ein potenzieller Nestbeschmutzer. Doch ein paar Unglücksfälle können die Stimmung jederzeit kippen. Die kleinste Sorge sind die Kosten, obwohl insbesondere beim Budget ein später Katzenjammer folgen kann. Schon ernster zu nehmen ist die Gefahr, dass nach drei Debakeln der Nationalmannschaft in der Vorrunde trotz reichlichem Bierkonsum Ernüchterung einkehrt. Dreimal 0:1 kann für Bundes- und Landesregierungen zu einem 0:5 werden.

In Portugal, wo die letzte Europameisterschaft stattfand, ist Fußball Religion und war ein Abschlusstriumph einer goldenen Generation begnadeter Kicker fast vorprogrammiert. Am Ende fehlte das Sahnehäubchen und es reichte nur zum zweiten Platz. Für uns Österreicher liegt dieser sportlich sowieso irgendwo in unendlicher Ferne hinter dem Mond und über dem Mount Everest.

Zugleich sind wir mit Ausnahme des Schisports ein Volk der Grantigen, die im Nachhinein vom Anstoß an gewusst haben, warum etwas schiefgehen musste. Bekommt unser Keeper ein Eiertor, werden plötzlich die Organisatoren genauso als Gurkentruppe bezeichnet. Bis zur Bananenrepublik ist es nur ein kleiner Schritt.

Das größte Problem für sportliche Großveranstaltungen ist das nicht abschätzbare Sicherheitsrisiko. Ob einem Land englische Hooligans mangels Qualifikation ihrer Mannschaft erspart bleiben oder nicht. Es stehen genug Ersatzkräfte bereit. Südlich des Packsattels wünscht sich Jörg Haider in Kärnten ein Schlagerspiel der Marke Italien gegen die Niederlande.

Das ist Glückssache, es kann auch eine Schlägerei Polen gegen Ukraine geben. Natürlich nicht auf dem Rasen, doch unter den angeblichen Fans. Die Zahl der jeweiligen Schlachtenbummler dürfte gering sein, dafür ist ein harter Kern für seine Gewaltbereitschaft berüchtigt. Mangels Mitgliedschaft sind zudem im Fall Ukraine sämtliche auf EU-Ebene jahrelang getroffenen Vorkehrungen der Polizei wertlos.

Natürlich kann der Fußballwahn alles überdecken. Im deutschen Fernsehen zeigte man 2006 Polizisten mit Vollvisierhelm und Schutzschild, die mitten in einer Horde betrunkener Glatzköpfe ihre Schlagstöcke schwangen. An sich wären das Bilder, die jede Menge Sprengstoff für Negativschlagzeilen bieten. Doch war das Klischee von der wunderbaren WM so stark ausgeprägt, dass der Kommentator lobte, wie gezielt Rädelsführer aus dem Mob geholt wurden.

So kann man es natürlich auch sehen. Oder anders. Fußball in Österreich bietet der Politik viele Gefahren. Die Profilierungschancen werden allerdings für größer gehalten.

Fußball und politische Bildung

Das letztgenannte Beispiel macht eine Beschäftigung der politischen Bildungsarbeit mit dem Phänomen Fußball unabdingbar. Es stellen sich drei Schlüsselfragen: Sprechen wir mit den richtigen Leuten? Wenn ja, verwenden wir überhaupt eine verständliche Sprache? Falls nochmals ja, senden wir unsere Botschaften vom Gewaltverzicht über das richtige Medium?

Politische Bildung wendet sich an Multiplikatoren im Bildungsbereich, etwa an Lehrer und Erwachsenenbildner. Diese werden von grölenden Fußballfans nicht anerkannt, sondern ihre Herkunft – Schule und Arbeitsplatz – macht sie zu Feindbildern. Wer als Jugendlicher in seiner Ausbildung oder im Beruf enttäuscht wurde, sich als Modernisierungsverlierer sieht und sein Frustventil in den radikalen Tiefen der Fußballstadien gefunden hat, wird sich kaum von den aus seiner Sicht dafür verantwortlichen Lehrern und Vorgesetzten bekehren lassen. Respektpersonen mit einem glaubwürdigen Auftreten gegen den politischen Missbrauch des Fußballs und auftretende Extremismen sind Trainer, Fanbeauftragte und Sozialarbeiter.

Die deutsche Bundeszentrale für politische Bildung verfolgt den Ansatz, dass solche Personen und nicht klassische Bildungsfunktionäre für politische Bildung im fußballerischen Umfeld qualifiziert werden. In Österreich fehlen großteils vergleichbare Projekte. Konsequent zu

Ende gedacht, bedeutet das eine Selbstkritik. Wir bräuchten manchmal weniger Politikwissenschaftler, Historiker oder Pädagogen und viel mehr Streetworker als politische Bildner.

Einerseits ist das Thema Politik und Fußball zu wichtig, um es allein den Sportjournalisten zu überlassen. In Österreich stellen Reporter trotz Hurra-Boulevardpresse sogar eine positive Ausnahme dar. Anderswo beschränkt sich der kritische Journalismus bestenfalls auf die Selbstverständlichkeit der Verurteilung von Gewalttaten. Oder nicht einmal das. Vor einem Länderspiel gegen Deutschland, meistens Land der Krautköpfe genannt, gibt es regelmäßig Kriegserklärungen der englischen *yellow press*.

Andererseits ist das Publikum der politischen Bildungsarbeit dort abzuholen, wo es ist. Die Zielgruppen befinden sich jedoch nicht im Feuilleton der Qualitätszeitungen oder in politischen Magazinen der elektronischen Medien, sondern in der sportlichen Fachöffentlichkeit als Südkurve, Stammtisch oder Sportseiten der *Kronen Zeitung*.

Olympia und der Anteil Österreichs

Fußball ist auf jeden Fall hochpolitisch. Größer ist nur die politische Vereinnahmung der Olympischen Spiele. Ich gehöre als Privatperson zu jenen Menschen, deren Familienleben seit Jahrzehnten in allen geraden Jahren leidet. Ein Fernsehgerät im Dauereinsatz, das zwei Wochen lang bis zu 16 Stunden täglich sogar vorher unbekannte Sportarten überträgt, fördert nicht unbedingt Gemeinsamkeiten mit den Eltern, dem Partner und den Kindern.

Durch Kabel- und Satellitenfernsehen könnten es inzwischen 24 Stunden sein. Wenigstens verzichte ich auf Doping, um das Schlafbedürfnis zu verhindern. Als Politikwissenschaftler keimt parallel dazu der Verdacht, dass es um mehr geht als höher, schneller und stärker. Von einzelnen Soziologen abgesehen kommt aber eine kritische Analyse der Politaspekte Olympias in Österreich kaum vor.

Olympia wollte unpolitisch sein und war es nie. Hitlers Spiele in Berlin 1936, erste Boykottbewegungen nach dem Ungarn-Aufstand in

Melbourne 1956, ein Boykott der Afrikaner in Montreal 1976 sowie Boykott und Gegenboykott der Supermächte in Moskau 1980 und Los Angeles 1984, *Black Power*-Proteste in Mexico City 1968 und insbesondere der palästinensische Terroranschlag von München 1972 sind Allgemeinwissen – und doch nur Spitze eines politischen Eisbergs.

In Österreich werden Olympische Spiele trotzdem als Teil der Sport- und kaum der Politikberichterstattung gesehen. Zugegeben sind wir von ähnlich dramatischen Fällen der Politisierung verschont geblieben. Bei uns gab es eine Riesenaufregung, als 2006 in Turin eine Razzia im Quartier der Schilangläufer durchgeführt wurde, um angebliche oder tatsächliche Dopingsünder zu überführen. Von den Anti-Doping-Gesetzen über Polizeirechte bis zu Gerichtsverfahren wurde so ziemlich jedes Grundelement einer Demokratie in Frage gestellt. Nationale Vorurteile gegen Ausländer im Allgemeinen und Italiener im Besonderen gab es massenhaft.

Die *Süddeutsche Zeitung* wusste den Grund, nämlich dass eine mediale Inszenierung gestört wurde. Die Sportwelt will ihren Helden huldigen und sonst nichts: »Der Bundeskanzler war Sonntagabend zu Gast im Fernsehstudio des ORF. Wolfgang Schüssel trug eine Art Trachtenjanker, draußen tanzten die Flocken am Fenster vorbei. Es sah recht idyllisch aus und gab den passenden Hintergrund ab für die Definition von Olympia, die Schüssel sich zurechtgelegt hatte.« Im Originalton sagte der Kanzler: »Die ganze Welt schaut auf diese Spiele. Das muss man wissen. Das ist das Gegenmodell zu dem, was sich derzeit überall abspielt. Brennende Fahnen von irgendwelchen europäischen Ländern, nukleare Bewaffnung, der Krieg der Kulturen. Nein, da sieht man, dass 83 Nationen friedlich und freundschaftlich miteinander im Wettstreit leben können.«

Auf eine so herrliche Idee dürfe Doping keinen Schatten werfen. Es klang nach dem Text einer Werbebroschüre. Fairerweise muss man sagen, dass Schüssel mit Oliver Polzer auf einen Interviewer traf, der kritischer war als so mancher Politikjournalist. Konkurrenzlos waren trotzdem 30 Minuten Gratiswerbung für einen Politiker in eigener Sache.

Frieden, Völkerverständigung und Diskriminierungsverbot als

Ziele der Olympischen Spiele sind eine fromme Lebenslüge, die Politik, Medien und Publikum gemeinsam hören wollen. Abgesehen davon, dass solche Vorgaben ihrerseits eine (positive) Politisierung Olympias darstellen, klafften Anspruch und Wirklichkeit stets weit auseinander. Der Vergleich ist gewagt, doch von den Berliner Nazi-Spielen bis zu möglichen Winterspielen im Alpenland Österreich geht es gleichermaßen um innenpolitische Absichten.

Die Förderung von Massenloyalität und einem nationalen Zusammengehörigkeitsgefühl allem voran. Manchmal eine Ablenkung von inneren Schwierigkeiten und Streitigkeiten. Das olympische Politikspektakel mit sportlicher Tarnkappe ist dafür am besten geeignet. Hinzu kommen als Nebenaspekt Spekulationen auf den wirtschaftlichen und wahlökonomischen Nutzen.

Außenpolitisch geht es um einen internationalen Prestigegewinn und eine Selbstdarstellung als moderne Demokratie. Das ist natürlich erlaubt. Wenn sich Salzburg um eine Austragung der Olympischen Winterspiele 2014 bewirbt, geht es zudem regional um Stolz, Image und Geld. In Tirol gelang das 1964 und 1976 mit den Spielen in Innsbruck zweimal. Kärnten hat dasselbe vergeblich versucht.

Traurig wird es, wenn die olympische Bewegung nach demselben Prinzip zum willfährigen Erfüllungsgehilfen undemokratischer Ziele wurde. Für den späteren IOC-Präsidenten Avery Brundage hatte Deutschland 1936 unter der Nazi-Herrschaft viele Fortschritte gemacht und kein Land würde »mit der Veranstaltung der Olympischen Spiele aufrichtigere Nationalinteressen« verfolgen. Die USA könnten vor allem im Kampf gegen den Kommunismus viel von Deutschland lernen.

Dass derselbe IOC-Präsident Karl Schranz wegen Verstoßes gegen den Amateurparagrafen von den Olympischen Winterspielen 1972 ausschloss, wird angesichts des antisemitischen Stolzes von Brundage – »sein Verein in Chicago würde schließlich auch keine Juden aufnehmen« ist ein weiteres Zitat im Originalton – zur österreichischen Lappalie. Die Sportrepublik empfing Schranz nach dessen Ausschluss auf dem Heldenplatz und umjubelte ihn mehr als sämtliche Olympiasieger. Ohne jedwede geschichtliche Sensibilität, dass Adolf Hitler am selben Ort gefeiert wurde.

Von Helsinki 1952 bis Seoul 1988 prallten Sportler der USA und der UdSSR in olympischen Stellvertreterkriegen aufeinander. Nur die Spiele boten die Möglichkeit, den Anti-Kommunismus oder Anti-Amerikanismus außerhalb des jeweiligen Einflussbereichs und ohne politische Nachteile oder Risiken – man denke an den atomaren Overkill – hemmungslos auszuleben. Das olympische Ideal der Völkerverständigung wurde zum Treppenwitz.

Österreich betonte seine Neutralität. Doch haben wir alle mitgespielt, wenn Medaillenspiegeln in Zeitungen veröffentlicht und als Wertmaßstab der Stärke oder Schwäche einer Nation herausgezogen werden. Die Zahl der Gold-, Silber- und Bronzemedaillen ist eine Ersatzhandlung, um ansonsten nicht zulässige Rangordnungen von Ländern zu erstellen.

Als österreichische Sportler von den Turiner Winterspielen mit 23 Medaillen heimkamen, war das eine Rekordbilanz und zugleich eine perfekte Möglichkeit, uns belegbar nicht als Kleinstaat zu fühlen. Schließlich waren bloß Deutschland und die USA vor uns. Mit Ausnahme des Sports wäre überall sonst eine gefühlsmäßig von vielen gewünschte Überhöhung Österreichs als an dritter Stelle unter den international bedeutenden Ländern lächerlich.

Mittlerweile ist der Ost-Konflikt Vergangenheit, doch hat sich in Atlanta 1996, Sydney 2000 und Athen 2004 gezeigt, wie sehr das Zusammentreffen aller Völker dem schamlosen Ausnützen globaler Ungleichheiten dient. Die politisch und wirtschaftlich stärksten Länder brauchen die Anwesenheit des Rests der Welt, um auf dessen Kosten triumphieren zu können.

Sportliche Triumphe der USA inklusive politischem Mehrwert sind für künftige Olympische Spiele vorprogrammiert. Für Russland, Großbritannien, Frankreich oder Deutschland gibt es üppige Brosamen der gleichen Art. China als einziger US-Konkurrent in den Medaillenspiegeln ist alles andere als ein Vertreter der Dritten Welt, sondern nützt analog zu den Amerikanern Sporterfolge primär zur Stärkung der Regierung. Peking 2008 steht bevor.

Wirkliche Entwicklungsländer können ungeachtet des Ausnahmefalls äthiopischer Wunderläufer oder kubanischer Staatsboxer lediglich als Adabeis mitmachen und klatschen. Wer in Bangladesch oder der Sahelzone aufwächst, hat im Leben und bei Olympia nichts zu lachen.

Wir Österreicher benötigen ebenfalls eine mediale Heroisierung von Eric Moussambani – von den Medien mit latentem Rassismus *»Eric the Eel«* (Erik, der Aal) bezeichnet – aus Äquatorial-Guinea, in Sydney der langsamste Schwimmer aller Zeiten, um nicht selbst als Kleinste zu gelten. Als Aufputz für den zarten Hinweis, dass heimische Spitzenschwimmer in derselben Zeit drei Rennen über 100 Meter im Freistil bestreiten könnten. Markus Rogan macht in der Gegenüberstellung mit Moussambani vergessen, dass amerikanische und australische Schwimmfans uns genauso mitleidig belächeln.

Sport als Machtfaktor

Die Geschichte ist reich an Beispielen, dass Sport zu Gunsten der Politik instrumentalisiert werden kann. Nichtsdestoweniger darf keinem Land als Totschlagargument ein mit dem Nazi-Regime in Deutschland oder wenigstens dem Kalten Krieg vergleichbarer Missbrauchsfall unterstellt werden. Zweifellos gibt es unbestreitbar positive Effekte des Sports als politischer Machtfaktor. Die Erhöhung des kollektiven Bewusstseins und des staatlichen Zusammenhalts ist zu begrüßen.

Wenn sich Salzburger mit Olympias Hilfe als stolzere Salzburger fühlen wollen, schadet das kaum der Demokratie. Der Prestigegewinn der Mozartstadt ist gleichermaßen nichts Schlimmes. Medienpräsenz und damit verbundene Werbehoffnungen können nicht verteufelt werden. Es stimmt, dass Hermann Maiers Abfahrtssturz 1998 in Nagano mehr Bilder und Berichte über Österreich einbrachte als Auftritte sämtlicher Regierungs- und Staatschefs der jüngeren Geschichte. Kurt Waldheims Kriegsvergangenheit vielleicht ausgenommen.

Die Frage ist, ob und wo Grenzen zur Manipulation überschritten werden. Das heutige Hauptproblem ist eine Ablenkung von sozialen Problembereichen durch sportliche Großereignisse. Im internationalen Sport ist bereits eine passive Form der Beteiligung, nämlich der

Medienkonsum, von wirtschaftlichen und sozialen Standards – etwa der Alphabetisierungsquote und dem Besitz eines Fernsehgeräts – abhängig.

Sportarten mit teuren Geräten kann sich eine überwältigende Mehrheit in mehr als der Hälfte der Länder sowieso nicht leisten. Im Kleinen gilt das auch für Österreich. Der Sport verdrängt Gedanken an soziale Missstände. Solange unsere Nationalmannschaft um den Europatitel theoretisch mitspielt, gilt es in der öffentlichen und der veröffentlichten Meinung als unanständig, solche an- und auszusprechen. Wenn Hermann Maiers Erben um Gold abfahren, fährt niemand auf die Armutskonferenz ab.

Ein Hauptdilemma der Verflechtung von Politik und Sport gilt daher nicht allein für Diktaturen, sondern besteht in jeder Demokratie: Sport führt zur Stabilisierung politischer Herrschaft und des Herrschaftssystems, weil (fast) immer Regierende politisch profitieren und selten oppositionelle Artikulation stattfinden kann. Ist Sport demzufolge ein Spielzeug zum Machterhalt, das einen Wettbewerbsvorteil für den jeweils Regierenden begründet?

Es wäre zu einfach, den Sport als politisches Monstrum zu verteufeln. Genauso könnte der umgekehrte Vorwurf erhoben werden, dass der Sport gegenüber der Politik zu dominant ist. Der Erfolg oder Misserfolg eines Sportstars, oft von Kleinig- und Zufälligkeiten abhängig, darf nicht eine Regierung oder gar ein politisches System in Frage stellen. Genau das tun wir gelegentlich. Wenn ein den Ball tretender Held der Gegenwart sein Sportgerät um Millimeter am Torpfosten vorbeischiebt, ist damit fast das Schicksal von SPÖ oder ÖVP verbunden.

VIII. Ein-Blick in Österreichs Mediendemokratie

Im Wahlzusammenhang ist Politik populärer als Fußball. Angesichts des beschränkten Leistungsvermögens unserer Nationalmannschaft ist das vielleicht kein Kunststück. Doch während ansonsten die Politikverdrossenheit beklagt wird, ist jeder Wahlkampf ein Medienspektakel. Vor und nach der Nationalratswahl 2006 drängten innenpolitische Schlagzeilen monatelang sogar »*Sex and crime*«-Berichte in den Hintergrund. Allein Natascha Kampusch war die große Ausnahme.

Als Hans-Peter Martin im August seine Kandidatur bekannt gab, hatte er das Pech, dass das Entführungsopfer nach acht Jahren in Gefangenschaft am selben Tag entkommen konnte. Mein Kommentar zu Martins Antreten in der »Zeit im Bild 3« dürfte bestenfalls Verwandte und Freunde interessiert haben. Das ORF-Interview von Kampusch am 6. September wurde ein Straßenfeger zur besten Sendezeit. Mit fast 2,6 Millionen Zusehern die meistgesehene Sendung des Jahres.

Die spätabendliche Fernsehdiskussion zwischen Heinz-Christian Strache (FPÖ) und Alexander Van der Bellen (Grüne) wurde als unwichtige Nebensache ebenfalls hinweggefegt. Doch schon wenig später ging die Diskussionsshow der Spitzenkandidaten im Fernsehen weiter. Tageszeitungen fragten Kampusch bald nach ihrer politischen Meinung. Eine noch so absurde Parteipräferenz des lange in einem Kellerverlies eingesperrten Mädchens hätte es spielend auf jede Titelseite geschafft.

Da Medien im Quoten- und Reichweitenzeitalter kaum etwas berichten, das niemand sehen oder lesen will, muss eine entsprechende Aufmerksamkeit für Politik vorhanden sein. Diese sinkt freilich nach dem Wahltag und spätestens kurz nach dem Tag der Regierungsbildung rasch auf ein Minimum.

In Umfragen nennen nur etwa 10 Prozent der Österreicher Politik als einen für sie zentralen Lebensbereich. Im Vergleich zu den hartgesottenen Politikfans sind es jeweils acht- oder neunmal so viel

Menschen, welche die Familie, den Beruf und das Freizeitleben als sehr wichtig ansehen. Nur die Religion ist im toten Rennen mit der Politik.

Der mediale Glaube

Was wir jedoch über Politik wissen, zu wissen glauben oder scheinbar wissen, haben wir aus den Massenmedien und insbesondere aus dem Fernsehen. Aus Sicht der Politik geht es nicht darum, ob Medienberichte objektiv richtig oder falsch sind. Es zählt allein, dass wir subjektiv von ihrer Richtigkeit überzeugt sind. Da kann es sich um bewusste Fehlinformationen, ungewollte Irrtümer oder eine ungenaue Wahrnehmung handeln. Was oft genug der Fall ist.

Mit politischer Bildung hat eine solche Politikvermittlung natürlich nichts zu tun. Das Problem ist, dass Journalisten und ihr Publikum ein völlig verschiedenes Informationsverhalten über Politik haben. Wer beruflich mit Politikbeobachtung zu tun hat, sieht zu fast 100 Prozent täglich Nachrichtensendungen und liest jeden Tag in Zeitungen die Innenpolitikseiten. Unter den übrigen Erwachsenen in Österreich tut das nicht einmal die Hälfte. Bei den Jugendlichen interessieren sich neun von zehn gar nicht für Politikberichte. So finden Politiker dankbare Opfer, um sich kameragerecht zu inszenieren. Bereits Pressekonferenzen sind ein typisches Pseudo-Ereignis mit häufig geringem Neuigkeitswert.

Die zentralen Nachrichtensendungen des ORF verfügen in Summe über eine Durchschnittsreichweite von bis zu zwei Millionen Zusehern. Das entspricht etwa 30 Prozent der Wahlberechtigten. Generell beziehen die meisten Österreicher ihre politischen Informationen überwiegend aus dem Fernsehen. 71 Prozent bezeichneten im Jänner 2007 das Wohnzimmer füllende Bildschirmkästchen als wichtige Informationsquelle für Politik.

Zeitungen folgten trotz der Möglichkeit von Mehrfachnennungen mit nur 54 Prozent mit deutlichem Abstand. Das Radio erwähnten gar nur 21 Prozent. Demgegenüber ist das Internet im Aufholen und war trotzdem mit 10 Prozent noch unter ferner liefen. Von Verwandten, Freunden oder Kollegen scheint niemand etwas Neues über Politik erfahren zu wollen.

In Vorträgen führe ich an dieser Stelle mit Zeitungsjournalisten oft ein zweiphasiges Streitgespräch. In der ersten Phase werden die von mir präsentierten Daten angezweifelt. Allerdings ist die Zahl von etwa drei Viertel der Bevölkerung, die Informationen über Politik vor allem aus dem Fernsehen haben, seit den neunziger Jahren konstant. Dasselbe gilt für jene vergleichsweise geringe Hälfte der Österreicher, für die Zeitungen eine Hauptquelle sind. International liegt das Fernsehen in modernen Kommunikationsgesellschaften ebenfalls überall weit vor den Zeitungen. Je nach Hartnäckigkeit meines Gesprächspartners akzeptiert er das nach ein paar Minuten oder vielen Stunden. Es folgt die zweite Phase, in der auf die dennoch große Wichtigkeit der Zeitungen hingewiesen wird: »Wir erklären den Leuten, was sie gestern im Fernsehen gesehen haben!«

Ist das bloß die Schutzbehauptung eines Berufsstandes, der sich in seiner Ehre gekränkt fühlt? Nicht unbedingt. Diskutieren Spitzenkandidaten eines Wahlkampfs im Fernsehen, hat die Nachberichterstattung in den Zeitungen durchaus ihre Bedeutung. Wenn vor den Nationalratswahlen 2002 und 2006 überall zu lesen ist, dass Alfred Gusenbauer oder Wolfgang Schüssel besser war, klingt das nicht unwichtig.

Für Wirkungen einer politischen Informationsquelle entscheidender als Nutzungsfrequenzen wäre demzufolge ihre Glaubwürdigkeit. Die schlechte Nachricht für alle Verfechter des gedruckten Wortes ist, dass das Fernsehen neuerlich klar vor den Zeitungen und dem abgeschlagenen Radio liegt. Rund 40 bis 50 Prozent halten das Fernsehen auch für am glaubwürdigsten. Bei Zeitungen tun das, wenn man sich für ein Medium entscheiden muss, bestenfalls 20 Prozent. Trotz der einmaligen Sonderstellung der *Kronen Zeitung* muss daher sogar deren politischer Einfluss deutlich relativiert werden.

Rein statistisch bin ich übrigens mit 40 Jahren erst auf dem Weg zum politischen Fernseher und Zeitungsleser. Altersmäßig steigt die Wichtigkeit des Fernsehens mit den Lebensjahren von zwei Drittel für unter 30-Jährige auf fast vier Fünftel für über 50-Jährige. Zeitungen sind ebenfalls für die 50plus-Generation eindeutig am wichtigsten.

Das Internet hingegen nennt einer von fünf der bis zu 30 Jahre alten Österreicher als wichtige Informationsquelle über Politik, während das nur einer von 100 aus der Gruppe mit mehr als 50 Jahren macht. Nach der Parteizugehörigkeit räumen vor allem Grüne dem Fernsehen einen verhältnismäßig kleinen und den Zeitungen sowie dem Internet einen großen Stellenwert ein.

Fast alle FPÖ-Anhänger betonen umgekehrt die Wichtigkeit des Fernsehens, kaum jemand jene der Zeitungen. Das erklärt sich dadurch, dass unter den Grünen besonders viele Leser von mehreren Tageszeitungen mit hohem Anspruch sind. Der typische Wähler der FPÖ liest die *Kronen Zeitung* und nur diese.

Zu beachten ist nichtsdestoweniger in allen Fällen, dass bei der Wichtigkeit und Glaubwürdigkeit keine Unterscheidung von Informations- und Unterhaltungssendungen im Fernsehen, von Qualitäts- und Boulevardzeitungen sowie von Nachrichten- und Flächenprogrammen im Radio gemacht wird. Bei Meinungsführern sollte das »Ö1 Morgenjournal« im Mittelpunkt stehen. Für die Masse macht es manchmal keinen Unterschied, wenn Politik im »Ö3 Wecker« von superlustigen Moderatoren abgehandelt wird. Die obigen Zahlen sind Durchschnittswerte, während überall Politik immer weniger in Berichtsform und immer mehr in Showformaten vermittelt wird.

Warum Fernsehgespräche pervers sind

Wenn Journalisten in einer Live-Situation Politiker interviewen oder gar Letztere untereinander diskutieren, hat das mit einem normalen Gespräch nichts zu tun. Stellen Sie sich ein bis zu 60-minütiges Gespräch mit einem Bekannten vor, wobei ihnen vollkommen egal ist, was der andere sagt. Ihr einziges Ziel ist es, durch lautes und nachdrückliches Reden die hübsche Dame oder den attraktiven Mann am Nebentisch zu beeindrucken. Das Gegenüber ist dafür bestenfalls lästiges Mittel zum Zweck.

Genau das passiert mit Studiogästen im »Zeit im Bild 2«-Interview, der Pressestunde oder den Sommergesprächen. Auf den ersten Blick unterhält sich beispielsweise Armin Wolf mit dem Politiker XY, wobei er Fragen stellt und der Befragte mehr oder weniger darauf eingeht. Naive Analysen beschäftigen sich im Anschluss daran damit, wie das Gespräch zwischen den beiden verlaufen ist.

Was für ein Unsinn. Denn Hunderttausende sitzen vor dem Bildschirm und allein das zählt. Sowohl Wolf als auch XY wollen keinesfalls den jeweils anderen beeindrucken, sondern lediglich beim Publikum gut ankommen.

Politikern darf man keinen Vorwurf machen. Auch der größte Starinterviewer des ORF hat am Wahltag bloß eine Stimme. Seine Zuseher haben in Summe über sechs Millionen. Wer muss demnach überzeugt werden? Umgekehrt wäre es für Wolf eine fast übermenschliche Zumutung, bloß demokratiepolitischen Interessen und so gar nicht dem eigenen Image verpflichtet zu sein. Journalist und Politiker tun daher nur so, als würden sie miteinander reden.

Das klassische Interview von kritischen Journalisten mit Politikern leidet unter der Tatsache, dass die politischen Akteure vorgefertigte Botschaften verbreiten und daher Antworten auf die eigentlichen Fragen verweigern. Legendär ist die Reaktion des BBC-Journalisten Jeremy Paxman, der dem britischen Innenminister 14-mal die gleiche Frage stellte, ohne eine inhaltsbezogene Antwort zu erhalten.

In Österreich versuchte Armin Wolf das Problem zu ironisieren, indem er Finanzminister Karl-Heinz Grasser aufmerksam machte: »Das ist ein Interview, Sie müssen mich schon auch Fragen stellen lassen!« Vom jetzigen Bundeskanzler Gusenbauer über seinen Vize Molterer und die steirische Ex-Landeshauptfrau Waltraud Klasnic bis zur früheren Sozialministerin Ursula Haubner hieß es 2005 in der Tageszeitung *Die Presse* unter dem bezeichnenden Titel »Wettbewerb im Leersprechen«, ihnen konkrete Antworten abzuverlangen, wäre gleich dem Versuch, einen Pudding an die Wand zu nageln.

Das Problem und die rhetorische Leistung ist, dass eine allzu offensichtliche Direktansprache des Publikums mit entsprechender Ignoranz des formalen Gesprächspartners sowohl Wolf als auch XY in der

Nachberichterstattung von Zeitungen übel genommen wird. Daher gilt es, vordergründig zuzuhören und fallweise sogar zu antworten und trotzdem in Wahrheit mit den Zusehern in Kontakt zu treten.

Noch komplizierter wird es, weil zwischen Journalisten und Politikern in Interviews keine Interessenparallelität aufkommen kann. Sind wir von Armin Wolf begeistert, geschieht das meistens, weil er XY in die Ecke gedrängt hat. Verlässt umgekehrt ein Politiker in Triumphpose das Studio, hatte Wolf einen schlechten Tag. Schlimmstenfalls wird im ganzen Land über seine Unform diskutiert, richtige und wichtige Fragen zu stellen.

Im Alltag würden wir einem derart pervertierten Gespräch einfach aus dem Weg gehen. Was das Ganze für alle Beteiligten wertvoll macht? Live-Interviews sind die einzige Möglichkeit, in Echtzeit 1:1 eine politische Realität zu schaffen. Ansonsten entsteht bei Interviewsituationen des Fernsehens und in Zeitungen eine Wirklichkeit, die sich anschließend auf Wanderschaft begibt und mit den gesendeten oder gedruckten Inhalten wenig zu tun hat. Oder gar nichts, falls ein Ressortleiter oder Chefredakteur andere Themen für vorrangig hält. Dann werden Interviews von diesem wegen Platzmangels aus der Sendung bzw. Zeitung geworfen.

Der Beitrag erscheint also nicht und außer Spesen sind keine Minute und kein Buchstabe gewesen. Zumindest werden Umfang und Platzierung eines Interviews vom Chef des fragenden Journalisten fremdbestimmt. Da wird geschnitten und geschnipselt, bis vom Inhalt des Gesagten wenig überbleibt.

Viel schlimmer als ein verfälschtes Zitat ist seine Umgebung. Wenn ein Politiker vorzeitige Entlassungen bei lebenslanger Haft fordert und der journalistische Beitrag dazu zufällig von Berichten über das jüngste Schwerverbrechen flankiert wird, grenzt das an Rufmord. In Live-Situationen passiert das kaum oder man kann zumindest reagieren. Für Journalisten und Politiker gibt es also einen Grund, die perversen Fernsehgespräche trotzdem zu mögen. Für berufsmäßige Beobachter auch.

Doch was ist mit dem Publikum? Mit politischer Informationsvermittlung oder gar Demokratie steht das alles kaum noch in Zusammenhang. Wir dürfen weder fragen noch antworten. Trotzdem muss das Ganze irgendwie unseren Erwartungen entsprechen. Wenn Wolf und XY niemand zusehen will, würden nicht dauernd solche Gespräche gesendet werden.

Das Spannungsmoment solcher Interviews gleicht – genauso wie in Fernsehdiskussionen der Politiker – einem Formel-1-Rennen. Mehrheitlich wird im Kreis gefahren, ohne dass etwas Nennenswertes passiert. Vergleichbar mit dem Riesencrash im Autokarussell gibt es jedoch eine Mini-Chance, dass der eine über den anderen herfällt. In Brasilien ist das einmal mit Ohrfeigen und Fußtritten geschehen. Live und in Farbe.

Legenden von Wahldebatten

Seit der ersten live im Fernsehen übertragenen Auseinandersetzung zwischen John F. Kennedy und Richard Nixon in den USA 1960 zählen Fernsehdiskussionen zwischen den Spitzenkandidaten in der Mehrzahl der demokratischen Staaten zum dramaturgischen Höhepunkt eines Wahlkampfs. Sie werden zum Zweikampf hochstilisiert. Von David gegen Goliath bis zur Schießerei Wyatt Earps mit den Clantons in Tombstone sind Duelle mit märchenhaften Erzählungen verbunden.

So auch Wahldebatten von Politikern. 2006 sah das Drehbuch vor, dass Alfred Gusenbauer und Wolfgang Schüssel sich in der Nationalratswahl zum Shoot-out der Spitzenkandidaten treffen. Wenn schon nicht zu High Noon, so wenigstens um 21 Uhr. Ob Aussehen, Redestil und Wahl der Waffen mit Gary Cooper konkurrieren können, bleibt offen. Jede Menge moderne Sagen geistern auf jeden Fall herum.

Mit Ausnahme der Länder, in denen direkte Konfrontationen in der Öffentlichkeit mit den kulturellen Traditionen unverträglich sind – etwa in Japan –, gelten Fernsehdiskussionen als Chance, entscheidende Veränderungen herbeizuführen. Nur manchmal lehnen es Amtsinhaber aus taktischen Überlegungen ab, mit ihren Konkurrenten im Fernsehen zu diskutieren.

Helmut Kohl etwa wollte das mit Gerhard Schröder 1998 in

Deutschland nicht tun. Schon rein optisch war die Gefahr zu groß, schlechter zu wirken. Vom Rededuell mit dem späteren Medienkanzler Schröder ganz zu schweigen. Schröder selbst hingegen stellte sich 2002 mit Freude Edmund Stoiber, dessen Schachtelsätze und Worthülsen zur Legende geworden sind.

Aus anderen Gründen verweigerten sich Wladimir Putin im russischen Präsidentschaftswahlkampf 2000, Silvio Berlusconi 2001 in Italien und Jacques Chirac 2002 in Frankreich. Warum sollten sie ihren medial kaum präsenten Gegnern eine Bühne der Selbstdarstellung bieten und unnötige Gelegenheit zum Angriff geben? Im französischen Fall hätte Chirac 2002 zudem den rechtsextremen Jean-Marie Le Pen getroffen. 2007 diskutierten Nicolas Sarkozy und Ségolène Royal bereits wieder heftig.

In Österreich meinten nach der Nationalratswahl 2002 20 Prozent der Wähler, dass die Fernsehdiskussionen zwischen den Spitzenkandidaten ihre persönliche Wahlentscheidung stark beeinflusst hätten. Unter jenen Wählern, die eine andere Partei wählten als 1999, waren es sogar 26 Prozent. Eine Fernsehdiskussion bestimmt demnach angeblich das Wahlergebnis.

Scheinbar wissen wir das, seit der braun gebrannte Kennedy dem schwitzenden Nixon gegenübersaß. Der Haken ist, dass die Geschichte so nicht stimmt. Richtig ist nur, dass Kennedys Auftritt von Fernsehzusehern höher bewertet wurde, während Radiohörer Nixon für gleich gut hielten. Ein Zusammenhang mit dem Wahlverhalten war trotzdem nicht nachweisbar. Es war vorher ein knappes Rennen, nachher gleich knapp und am Wahltag am knappsten.

Die Antwort auf die Frage, wer besser war, ist nichts als ein Gesellschaftsspiel. Man müsste fragen, ob jemand in zehn Tagen SPÖ oder ÖVP wählt, weil ihm Gusenbauer oder Schüssel in der Fernsehdiskussion mehr oder weniger gefallen haben. Noch genauer wäre, ob irgendein Wähler das tut, der sicher für eine andere Partei gestimmt hätte oder zu Hause geblieben wäre. Nur dann beeinflusst die Fernsehdiskussion das Wahlergebnis. Sonst sind jene Millionen, die bereits über ihre Stimme entschieden haben, als Zielpublikum des Rededuells völlig uninteressant.

Wenn keine Anhänger der Gegenseite überzeugt werden, geht es in der Fernsehdiskussion um Unentschlossene und eine Mobilisierung von Sympathisanten. Meistens wird die Zahl der Meinungslosen überschätzt. Zu oft rechnen Umfragen Nichtwähler und Antwortverweigerer mit, weil die Deklarationsbereitschaft bei politischen Fragen erfahrungsgemäß zwei Drittel beträgt.

Der Mobilisierungsfaktor ist bei den US-Kongresswahlen mit einer Beteiligung von 35 Prozent wichtiger als in Österreich mit zuletzt fast 80 Prozent tatsächlichen Wählern. Wie sollten zudem 2002 und 2006 Gusenbauer oder Schüssel einen Diskussionserfolg so konservieren, dass er am übernächsten Wochenende Menschen vom Sofa ins Wahllokal brachte?

Durch in Summe über vier Millionen Österreicher, die mindestens eine Fernsehdiskussion verfolgen, ergeben sich für den SPÖ- und ÖVP-Spitzenkandidaten natürlich Optionen, Leute für sich zu motivieren. Das gilt aber in erster Linie für im Wahlkampf engagierte Parteimitarbeiter, Aktivisten, Verbündete usw. Bedeutender als der Auftritt im Fernsehen ist dafür die anschließende Vermarktung des vermeintlichen Siegers durch seine Partei. Nach innen und außen.

Theoretisch sollen parteiliche Debatten aller Art nicht der Maximierung von Stimmen dienen, sondern aus demokratiepolitischen Gründen erfolgen. Die Rechtfertigung für den Gesprächsmarathon ist es, jedem Bürger die Möglichkeit zu bieten, Kandidaten oder Parteien und ihre Standpunkte kennenzulernen. Anderenfalls wären statt Gesprächen im Fernsehen Konfrontationen von Gusenbauer & Co beim Schlammcatchen unterhaltsamer.

Naivlinge meinen, dass man in Diskussionen Neues erfährt. Oder auch nicht. Ist wirklich zu vermuten, dass in ein paar Stunden mit sprechenden Politikern Politik vermittelt wird? Längst sind alle Kandidaten medial übertrainiert und von der ständigen Wiederholung eigener Slogans geschädigt.

Alfred Gusenbauer, inzwischen Bundeskanzler, etwa erzählte Alexander Van der Bellen 2006 fernsehgerecht von einer ihm in Salzburg begegneten Pensionistin, der das Geld für Heizkosten und Medikamente fehle. Eine Woche davor hatte er für Westenthaler eine identische Frau genauso soeben und allzu wortgleich in Vorarlberg getroffen. Kurze Recherchen ergaben, dass es früher eine Drillingsschwester gegeben haben muss, weil Gusenbauer im Wahlkampf 2002 von derselben Frau mit denselben Problemen berichtet hatte. Wir sollten deppensicher kapieren, dass der SPÖ die Pensionen ein Anliegen sind.

Wolfgang Schüssel konnte ein laufendes Wiederkäuen bei den vorbereiteten Botschaften nur deshalb nicht passieren, weil er sich in mehreren Diskussionen vertreten ließ.

Unentschieden mit zwei Siegern?

Natürlich können Medien mit der Analyse von Diskussionen im Fernsehen, dass man diese nicht ganz so ernst nehmen sollte, wenig anfangen. Duelle verlangen nach einem Helden und einer Leiche. Üblicherweise sind beide nach einem Politikergespräch nicht vorhanden. Der kuriose Versuch, nach einer Fernsehdiskussion den Zusehern zu erklären, was eigentlich geschah, ist trotzdem Teil der Wahlkampfstrategie der Parteien.

Verbündete Politiker und Parteistrategen sind am Folgetag damit beschäftigt, den jeweiligen Kandidaten lautstark zum Gewinner zu erklären. Den Rest erledigt man durch die auszugsweise Veröffentlichung von Umfragen im Parteiauftrag. In der Bundespräsidentschaftswahl 2004 verkündete das IFES-Institut für die SPÖ am Tag nach der Diskussion einen Sieg Heinz Fischers. Fessel-GfK sah zeitgleich im Namen der ÖVP Benita Ferrero-Waldner als Siegerin.

An sich ist das den Meinungsforschern nicht vorzuwerfen. Der Fragebogen ist das geistige Eigentum des Forschers, die Daten gehören dem Auftraggeber. Dieser kann damit tun, was er will – sie in den Giftschrank sperren, intern weitergeben oder in Zeitungen veröffentlichen. Was am häufigsten vorkommt, sind weniger frei erfundene Zahlen als die auszugsweise Publikation. Jene Fragen, die über einen Parteipolitiker Gutes besagen, werden den Journalisten mitgeteilt. Der Rest logischerweise nicht.

Kritisch wird die Sache, wenn – wie 2004 – nach der Fernsehdiskussion der Bundespräsidentschaftskandidaten Meinungsforscher in der Pressekonferenz neben Bundesgeschäftsführer Norbert Darabos und Generalsekretär Reinhold Lopatka platziert werden. Eine Rote bei Darabos und ein Schwarzer bei Lopatka. Da werden nicht mehr Daten geliefert und eine Beratungsleistung erbracht, sondern da wird Politik gemacht.

2006 gab es insofern eine Steigerung, als in *Österreich* eine Gallup-Umfrage veröffentlicht wurde, die Schüssel zum Triumphator seiner Diskussion mit Gusenbauer erklärte. Unglücklicherweise stellte sich bald heraus, das dies eine von der ÖVP statt seitens der Zeitung bezahlte Umfrage war. Noch unglücklicher, dass der Redaktionsschluss vor dem Ende der Fernsehdiskussion lag. Wer da mitspielt, ist selbst schuld.

Paradoxerweise ist das Spiel mit den zwei Siegern als seltsame Form eines Unentschiedens nicht einmal falsch. Internationale Studien beweisen, dass die Mehrheit der Zuseher eine selektive Wahrnehmung hat. Die Stärken des persönlichen Favoriten bleiben am ehesten in Erinnerung. Schwächen können eine vorgefasste Meinung kaum trüben.

Für Fischer-Fans wirkte daher 2004 »HeiFi« gewohnt kompetent, für Ferrero-Waldners Anhänger war Benita überraschend sattelfest. SPÖ-Anhänger wurden von Fischer mit Wunschstatements zur Neutralität und Ferrero-Waldners teilweiser Leugnung derselben bedient. Parteigänger der ÖVP konnten lustvoll stöhnen, als ihre Kandidatin zu den EU-Sanktionen das eigene Kampflächeln für mehr Patriotismus gegen vermeintliche rote Nestbeschmutzer ausspielte.

Dasselbe galt 2006 für Gusenbauer und Schüssel. Lagermentalität machte sich breit, als der SPÖ-Kandidat von der sozialen Kälte der ÖVP sprach, um sich im Gegenzug den ÖVP-Vorwurf einer wirtschaftlichen Inkompetenz der SPÖ anzuhören.

Wer tatsächlich besser war? Auch unabhängige Blitzumfragen als Schnellschuss sind höchst fragwürdig. Die Meinungsforscher müssten um 22 Uhr beginnen, nach dem Zufallsverfahren mindestens 1.000 Leute anzurufen. Schließlich hat nicht jeder aus dem Telefonbuch zugesehen. Die letzten Gesprächspartner würden demzufolge irgendwann nach Mitternacht kontaktiert. Mit einer organisatorisch und finanziell vertretbar großen Zahl von Interviewern ist das nicht flotter zu machen. Und wer will um diese Zeit überhaupt angerufen werden? Eben. Schon gar nicht kann man schlafende Menschen aufwecken, um sie zu fragen, ob sie vor ein paar Stunden ein Gespräch zwischen Politikern im Fernsehen mitverfolgt haben. Und ob sie bereit wären, darüber jetzt zu reden. Also werden höchstens 300 oder 400 Interviews geführt. Die Stichprobenauswahl stammt aus der Datenbank der Meinungsforscher und ist nicht repräsentativ. Oder es gilt das Prinzip der politisch motivierten Schätzung aus dem Bauch heraus.

Der Vorteil für Ferrero-Waldner 2004 war übrigens der Gusenbauer-Effekt von 2002. Gilt ein Diskutant vor seinem Fernsehauftritt in der veröffentlichten Meinung als Außenseiter, wie Gusenbauer gegen Schüssel und Ferrero-Waldner gegen Fischer, kann man ein Unentschieden leichter als Erfolg verkaufen. Wer vorher in den Medien stets als chancenlos dargestellt wurde, hat zwangsläufig einen Aha-Effekt als Vorteil. Die Zuseher sind angenehm überrascht, dass der vermeintlich Unterlegene selbstverständlich genauso in ganzen Sätzen spricht und den Eindruck erweckt, mit Messer und Gabel zu essen. Bringt er das eine oder andere Argument an, gilt jemand als regierungsfähig, dem man vorher kaum zutraute, aufrecht über die Straße zu gehen.

Viel vorsichtiger sollten professionelle Beobachter mit ihrer Einschätzung einer Fernsehdiskussion sein. Ich habe im Nationalratswahlkampf 2006 alle 13 Diskussionen in der anschließenden »Zeit im Bild«-Sendung analysiert. Meine mit dem ORF durchaus abgesprochene Strategie war es, eine Ebene höher zu gehen und grundsätzlich über den Wahlkampf zu sprechen anstatt Noten zu verteilen. Aus gutem Grund. Eine Bewertung der konkreten Diskussionsleistungen wäre viel zu riskant und geradezu unseriös.

2002 hatten fast alle Experten Gusenbauer als Sieger des Duells mit Schüssel gesehen. Nach den oberflächlichen Kriterien eines Medientrainers hatten sie nicht unrecht. Der am Wahltag Unterlegene wirkte besser vorbereitet und folgte offensichtlich einem klaren Plan. Stilistische Pointen von »Reden Sie keinen Lavendel!« bis zu »Jetzt schauen Sie mir in die Augen!« waren gut einstudiert und wurden zum bestmöglichen Zeitpunkt angebracht.

Der Nachteil war, dass das Publikum nicht nur aus Politikwissenschaftlern, Meinungsforschern oder Journalisten bestand. Die Mehrheit vertrat schlicht und einfach die Meinung, dass man mit einem Bundeskanzler – das war Schüssel – so nicht sprechen darf. Vier Jahre später verzichtete Gusenbauer auf solche Mätzchen.

Kommentare ohne Inhalt

Noch schlimmer als Spontananalysen zu Fernsehdiskussionen sind Kommentare zu Koalitionsgesprächen. Dann haben politische Beobachter nämlich die Aufgabe, Verhandlungen hinter verschlossenen Türen zu erklären. Im ORF läuft das ungefähr so ab: »Wir schalten jetzt zu jenem Ort, wo Alfred Gusenbauer und Wolfgang Schüssel für ein Vier-Augen-Gespräch zusammentreffen. XY, was gibt es für unsere Augen zu berichten?«

Es folgte ein Kameraschnitt. X und Y sind vor einer wunderschönen Holztür zu sehen: »Hinter uns ist jene Tür, hinter der die Parteichefs Gespräche führen. Ob diese hintergründig oder hinterhältig sind, wissen wir nicht. Die Tür hinter uns ist zu und es musste niemand raus aufs Klo. Bevor wir hinterher etwas erfahren, hinterrücks ins Studio!« Dort sitzt ein unglücklicher Moderator, der mit solchen Nullvorlagen wenig anfangen kann. »Was sagt Ihnen das?«, fragt er den noch unglücklicheren Studiogast. 2002 und 2006 vorzugsweise mich. Die knappe Antwort »Nichts!« wäre richtig und vollständig. Sie macht leider spätestens im Wiederholungsfall keinen schlanken Fuß. Da Urinlesen keine anerkannte Methode der Sozialforschung ist, hilft es übrigens nicht einmal, falls der eine oder andere Hintertürmensch doch austritt.

Der Journalist hütet sich, dazu altkluge Meldungen von sich zu geben, was im ORF einen guten Grund hat. Den dortigen Mitarbeitern sind nämlich anders als bei ARD und ZDF Kommentare gesetzlich verboten. Abgesehen von Grauzonen der erlaubten Analyse gibt es Hilfskonstruktionen. Etwa Interviews mit neutralen Gesprächspartnern. Also werden Politikexperten zu Berufsspekulanten gemacht. Das hat natürlich mit Wissenschaft wenig zu tun.

Zudem ist es gefährlich, ungewollt der einen oder anderen Partei Vorschub zu leisten. Denn bei allen Gesprächsfetzen, die nach außen drangen und kommentiert werden, geht es den Parteien um eine gezielte Kampagnearbeit. Stellt beispielsweise Gusenbauer – wie 2006 geschehen – ein Ultimatum, lenkt die ÖVP entweder ein und die SPÖ hat sich für ganz Österreich wahrnehmbar durchgesetzt. Oder die Schwarzen scheren aus und die Anschuldigung des Verweigerns wider das Interesse der Republik ist ein aufgelegter Elfmeter. Dasselbe gilt in ähnlicher Form, wenn umgekehrt Schüssel der SPÖ die Vorgehensweise vorschreiben will.

Allgemein ist der Zeitfaktor der größte Feind des Journalisten und noch viel mehr Hauptgegner des Politikwissenschaftlers. Im Tiroler Bergdorf Alpbach, wo alljährlich eine der größten Veranstaltungen über gesellschaftliche Entwicklungen stattfindet, gab es einen Vortrag mit dem Titel »Vom Science-Artikel zu den Breaking News«. Gemeint waren die naturwissenschaftliche Fachzeitschrift *Science* und das Phänomen, dass sogar dortige Beiträge früher oder später Bestandteil der Fernsehschlagzeilen würden. Es kommt zur Verkürzung und Vereinfachung von 30 Seiten auf drei Sekunden. In der Diskussion von Alpbach gab es den Einwand, dass die Wortstellung im Vortragstitel umzudrehen ist. Längst würde es vorab einen Fernsehbericht mit wissenschaftlichen Behauptungen geben, die erst später im Detail geprüft werden.

Das hat viel für sich, auch wenn es mir nicht gefällt. Am Wahlabend müssen Politikwissenschaftler im ORF in Sekundenschnelle Erklärungen liefern, warum das Ergebnis so und nicht anders ist. Natürlich ist ein Stakkatofeuer von Pseudo-Weisheiten aus der Hüfte unangebracht. Genauso wären Dauerantworten, dass alles sehr kompliziert sei und wir irgendwann in Zukunft mehr und vieles genauer wissen würden, nahezu lächerlich. Klar ist, dass bis zu 10.000-mal mehr Menschen fünfminütige Fernsehanalysen verfolgen als Monate danach meine ungleich ausführlicheren Artikel in Büchern lesen.

Manchmal ist die Sache schlimmer. Im September 2003 fanden gleichzeitig Landtagswahlen in Oberösterreich und in Tirol statt. Der oberösterreichische Wahlkampf war ungleich spannender, weil der erste Platz zwischen ÖVP und SPÖ offen schien. Die Tiroler mussten sich bloß fragen, ob die ÖVP über oder unter 50 Prozent landen würde. Aufgrund der Wahlrechtsarithmetik war damit eine absolute Mandatsmehrheit sowieso sicher.

Da ich jedoch zu dieser Zeit an der Universität Innsbruck arbeitete, war ich dem ORF-Landesstudio in Tirol verpflichtet. Von 17 bis 19 Uhr saß ich vor dessen Kameras und informierte mich in den Sendepausen via Computer notdürftig über Ergebnisse und Wahlmotive in Oberösterreich. Anschließend ging es mit ein paar ausgedruckten E-Mails als Reiselektüre im Sauseschritt zum Flug nach Wien, wo die »Zeit im Bild 2« wartete.

Ich meinte, dass ich wenigstens die Wählerstromanalysen vernachlässigen konnte. Diese werden für den ORF vom SORA-Institut in bewährter Form abgewickelt. Es würde dazu ein Beitrag gesendet, bevor ich irgendetwas zu sagen hatte. Dementsprechend rutschte mir das Herz in die Hose, als während der Kennmelodie für die Sondersendung zur Wahl aus dem Hintergrund eine Stimme ertönte, um Moderatorin Ingrid Thurnher folgende Anweisung zu geben: »Kein Beitrag außer den Ergebnissen fertig, auch Wählerströme kommen erst in Kürze. Vorher Filzmaier irgendetwas fragen.«

Prompt kam, was kommen musste. Man wollte von mir sofort einen Kommentar zu den Wanderungen der Wähler in Oberösterreich. Ich hatte ungefähr fünf Sekunden für die Entscheidung, meine relative Ahnungslosigkeit einzugestehen oder hoch zu pokern. Natürlich war zu vermuten, dass jene Wählerstimmen, die in der Nationalratswahl 2002 von der FPÖ zur ÖVP gegangen waren, nun mehrheitlich bei der SPÖ landeten. Sicher war das keineswegs, denn Wählerströme sind viel komplexer und beziehen neben allen Parteien frühere Nichtwähler mit ein. Doch es stimmte. Glück gehabt.

In mehreren Fällen sind Fernsehkommentare eine solche Gratwanderung. Als die noch ungeteilte FPÖ 2004 ihren Dauerstreit öffentlich auslebte, wurde ich um meine Einschätzung der Auswirkungen auf die Regierungsarbeit gebeten. Neben den selbstverständlichen Szenarien einer neuerlichen Neuwahl und dem Weiterregieren als gespaltene Partei, was ein Jahr später geschah, verwies ich auf die in Österreich von der Verfassung her gegebene Möglichkeit eines fliegenden Regierungswechsels. Wörtlich sagte ich im Fernsehen, dass in dieser Minute vorsichtige Kontaktaufnahmen zwischen ÖVP und Grünen stattfinden könnten, um das zu besprechen. Ich weiß bis heute nicht, ob ich einen punktgenauen Zufallstreffer gelandet habe. Tatsache ist, dass sich in den nächsten Tagen hochrangige Anrufe mit der Frage nach meinen Quellen häuften. Dabei hatte ich ahnungslos im Konjunktiv gesprochen.

Es kommt eben nicht nur bei Koalitionsverhandlungen vor, dass man Dinge kommentieren muss, die geheim sind. Wer nichts weiß, kann keinen Geheimnisverrat begehen und trotzdem ungewollt vieles ausplaudern.

Negativerfahrungen

In der undankbaren Rolle des Kommentators verschlossener Türen erlebte ich zugleich eine von ganz wenigen schlechten Erfahrungen mit dem ORF. Nach der Nationalratswahl Ende November 2002 ergaben sich für die erstplatzierte ÖVP als unumstrittenen Wahlsieger drei mögliche Regierungsvarianten, nämlich mit der SPÖ, der FPÖ und den Grünen. Der Ausgang der Koalitionsverhandlungen war offener als jemals zuvor.

Was haben wir gelernt, dass Journalisten in solchen Fällen machen? Sie fragen Politikwissenschaftler etwas, das niemand mit Sicherheit wissen kann; diesmal nach der nächsten Regierung. Der Wiener SPÖ-Bürgermeister Michael Häupl machte es mir eine Spur leichter. Er meinte kurz darauf in einem Interview, dass man nach dem Händeschütteln mit Wolfgang Schüssel eine Armprothese benötige. Der Ausspruch sollte das tiefe Misstrauen seiner Partei gegenüber der Verhandlungs- und Handschlagqualität der ÖVP im Allgemeinen und des Bundeskanzlers im Besonderen unterstreichen. Wenig überraschend schlussfolgerte ich im Interview, dass eine gemeinsame Regierung von ÖVP und SPÖ unter den möglichen Regierungsvarianten am unwahrscheinlichsten ist.

Ende Jänner 2003 waren die Regierungsverhandlungen immer noch nicht abgeschlossen. Eine schwarz-rote Koalition war weiterhin eine von drei Optionen. Ich war auf einer Tagung in Linz eingeladen, wo mir frühmorgens ein lachender Veranstaltungsleiter die Hand schüttelte: »Soeben habe ich im Autoradio Ihren Satz gehört, dass eine Prothese braucht, wer Schüssel die Hand gibt.« Dankenswerterweise wurde mein damaliger Gesichtsausdruck auf keinem Bild festgehalten. Die mühsam bewahrte Neutralität und Unabhängigkeit als Politikwissenschaftler schien Geschichte zu sein.

Nach der Verblüffung und dem Schock konnte ich mühsam den Sachverhalt rekonstruieren. Radiobeiträge landen nach ihrer Ausstrahlung in einem Archiv, auf das jeder ORF-Journalist vom Computer aus Zugriff hat. Offenbar war jemand aus Oberösterreich so bequem, statt eines neuen Interviews mein altes Zitat auszugraben. Es wurde in einer Form gebracht, dass zumindest ein unaufmerksamer Autofahrer beim Radiohören es fälschlich mir zuordnen konnte. Obwohl es in mir brodelte, unternahm ich übrigens nichts, um für so einen Blödsinn nicht zusätzliche Aufmerksamkeit zu erregen.

Nicht viel besser erging es mir nach der EU-Parlamentswahl 2004. *Woman* wollte unbedingt erfahren, welche Wirkung Karin Resetarits für das Stimmverhalten der Wähler gehabt hätte. Ein angesichts des Lesepublikums der Zeitschrift verständlicher Wunsch, weil es sich um die noch am ehesten auffallende Frau in einer Wahl handelte, die bei uns im Übrigen kaum jemanden interessiert hatte. Im Unterschied zu Tschechien hatte Österreich keine Dolly Buster als Kandidatin zu bieten.

Ich musste die anrufende Journalistin enttäuschen. Wir hatten in Befragungen alle Spitzenkandidaten sowie Andreas Mölzer, der in der FPÖ einen Vorzugsstimmenwahlkampf führte, als Wahlmotive abgetestet. Über Frau Resetarits fehlte uns jedwedes Zahlenmaterial. Das sagte ich auch so. In *Woman* wurde ich ein wenig anders zitiert: »Es spricht nichts dafür, dass Karin Resetarits Stimmen gebracht hat!« Wenn man keine Daten hat, ist das immer und für jeden so.

Österreich machte sich 2006 nicht die Mühe, eine Aussage meinerseits falsch wiederzugeben. Als ich das Blatt am Tag der Fernsehdiskussion von Gusenbauer und Schüssel aufschlug, lachte ich mir entgegen. Unter dem Bild fand sich ein namentlich gezeichneter Text, von dem ich keine Zeile geschrieben hatte. Er war von der Zeitung aus Fernsehinterviews und zwei Gesprächen mit einer Redakteurin zusammengebastelt worden.

Erklärungen des Bedauerns folgten, aber nicht von den unmittelbar Verantwortlichen. Freunde rieten mir zu klagen, doch hielt ich es für seltsam, für derartige Frechheiten als Entschädigung Geld zu verlangen. Kolumnen sind das Allerheiligste der eigenen Ansichten. Damit jeder außer *Österreich* kapiert, dass es sich um ein persönliches Meinungselement handelt, werden sie durch eine Umrandung extra gekennzeichnet.

Ich akzeptierte ohne Sippenhaftung einzelne Entschuldigungen und tat das ausdrücklich, ohne ein Schweigegelübde abzugeben. Meine Revanche war es, die Geschichte über *Österreich* jedem Journalisten in Österreich zu erzählen. Mundpropaganda ist unglaublich wirksam, denn wenig später berichtete auch in Deutschland *Die Zeit* darüber.

Medien im Zeitraffer

Menschen neigen zu Verschwörungstheorien. Ganz besonders gilt das für Journalisten und Politikwissenschaftler. Daher wird vieles analysiert, das alles andere als ein Super-Spin der Parteien ist. Doch es ist schwierig, zu behaupten, Politiker hätten gar keinen Plan und dieses oder jenes wäre ihnen einfach so passiert. Dafür braucht man Beweise. Mangels solcher wird über Strategien spekuliert, die es nicht gibt und niemals gab.

Ähnlicher Unsinn sind meistens umgekehrte Verdächtigungen, dass Medienberichte und Kommentare allesamt dem parteipolitischen Einfluss unterliegen. Wenn Parteien so gut wären, das zu steuern, hätten sie im Wahlkampf weniger Sorgen. Meistens handelt es sich um schlechten Journalismus oder falsche Analysen eines Politikwissenschaftlers. Hauptverantwortlich dafür ist der Zeit- und Konkurrenzdruck.

Zum Beispiel wollte der ORF am Tag der Wiener Landtagswahl 2005 pünktlich um 17 Uhr das voraussichtliche Ergebnis bringen. In allen Bundesländern ist das einfach, weil einzelne Wahllokale mittags schließen. Erste Hochrechnungen auf Basis der ausgezählten Stimmen sind ziemlich genau. Leider machen in der Hauptstadt alle Wahllokale erst um 17 Uhr zu. Folgerichtig gibt es zu dieser Zeit weder ausgezählte Stimmen noch eine erste Hochrechnung. Daher musste eine Umfrage zur Wahlmotivforschung herhalten.

Natürlich wird parallel nach dem Stimmverhalten gefragt, weil sämtliche Motive nach Parteien getrennt aufzulisten sind. Der Genauigkeitsanspruch ist allerdings gering. Ob Michael Häupl für ein paar Prozent der SPÖ-Wähler mehr oder weniger ein zentrales Motiv war, ist in der Argumentation seiner großen Bedeutung fast egal. Ob die SPÖ über oder unter 50 Prozent der Stimmen erreicht, macht viel mehr Unterschied.

2005 wollte der ORF für die Prognose am Wahltag 1.000 Interviews bezahlen. Brutto. Bei einer Wahlbeteiligung von 60 Prozent hätte das 600 wirklich Befragte bedeutet. Für ÖVP, FPÖ und Grüne wurden jeweils zwischen mindestens 10 und allerhöchstens 20 Prozent der Stimmen erwartet. Die Zahl der interviewten Parteianhänger wäre demzufolge zwischen 60 und 120 gelegen. Die Reihenfolge des zweiten, dritten und vierten Platzes mit Sicherheit vorherzusagen, ist da unmöglich.

Hinzu kommt, dass eine Wahltagsbefragung für den ORF bis 14 Uhr abgeschlossen sein muss. Die Daten müssen rechtzeitig in den Computer und mediengerecht aufbereitet werden. Damit werden Standardfragen, ob jemand wählen war oder geht, zum Risiko. Statt 60 Prozent behaupteten satte 78 Prozent, sie würden sich an der Wiener Wahl beteiligen. 18 Prozent sahen in Wirklichkeit Hermann Maier den Riesenslalom von Sölden gewinnen und dachten nicht daran, sich vom Wohnzimmer hinaus in die freie Natur oder ins Wahllokal zu begeben.

Schließlich bezahlte der ORF etwas mehr. Doch mein Vorschlag war, auf das Schätzspiel zu verzichten. Die Sendungsmacher befürchteten, dass ATVplus und Pro7 Austria mit ihren Prognosen den Wettbewerb um die früheste Bekanntgabe eines Ergebnisses gewinnen. Das Internet sei ohnedies schneller. Einwände der mangelnden Qualität wurden vom Tisch gewischt.

Was zählt, ist allein Schnelligkeit. Ich verteidigte mich mit dem möglichen Imagegewinn, etwas später eine exakte Hochrechnung zu bringen, nachdem alle anderen sich blamiert hätten. Die zuständige Stadträtin hatte für 17.45 Uhr Zwischenergebnisse versprochen. Zugeben musste ich, dass es keinen Plan B für den Fall einer verspäteten Ergebnislieferung gab. Man kann nicht bis 18.30 Uhr pausenlos Berichte senden, dass Spitzenkandidaten ein Kuvert in einen Bottich werfen, den wir Wahlurne nennen. Das wird bald fad.

Somit ging um 17 Uhr eine Ergebnisprognose auf Sendung. Sie war nicht einmal schlecht. Doch lag die SPÖ zunächst über der symbolischen Grenze von 50 Prozent, um letztlich knapp darunter zu landen. Der vom Zuseher gefühlte Unterschied zwischen 49 und 51 Prozent ist größer als jener zwischen 51 und 53 Prozent. Das Erste wird als Fehleinschätzung verunglimpft, das Zweite als richtige Vorhersage beurteilt.

Ich hatte den Ausweg, erst später vor eine Kamera zu gehen. Wolfgang Bachmayer von OGM fiel die undankbarere Aufgabe zu. Er musste ab 17 Uhr kommentieren und sich später vorwerfen lassen, kein Wahrsager zu sein. Was weder Bachmayer noch sonst jemand behauptet hatte.

Kommentare unter Zeitdruck sind in Zeitungen um nichts weniger ein ewiger Kompromiss. Als ständiger Kolumnist in der *Kleinen Zeitung* erwartete das Blatt von mir zu Recht Analysen der steirischen Landtagswahl. Vor und nach dem Wahltag funktionierte das wunderbar. Am Abend der Wahl verbrachte ich allerdings die Zeit zwischen den Sendungen des ORF in Graz und Wien im Auto. Ich musste meine Stellungnahme einem Redakteur ansagen. Doch konnte ich mich darauf verlassen, dass mir mein Diktat nochmals vorgelesen wurde, ich korrigieren durfte und kein Chefredakteur etwas umschreiben würde. Das Restrisiko war, dass manche Textzeilen wenig später unpassend wären, weil sich im Laufe des Abends noch etwas änderte. Im schlimmsten Fall das Ergebnis.

Schließlich gibt es für Fernsehen und Radio nichts Unangenehmeres als eine Wahl, deren Ergebnis sofort vorliegt. Was macht der ORF für den Rest des Abends? Als Heinz Fischer Bundespräsident wurde, waren bald nach Wahlschluss sowohl er als auch seine Gegenkandidatin vor der Kamera gewesen. Für die Parteichefs galt das sowieso. Ein paar Analysen kommen hinzu, doch was tun mit der übrigen Sendezeit? Ö1 sendete in seiner Verzweiflung klassische Musik, weil es nichts mehr zu berichten gab.

Vielleicht ist das generell gar kein schlechter Ansatz: Weniger ist bekanntlich mehr – Politik und Medien könnten gleichermaßen profitieren, wenn sie unspektakulärer auftreten. Wir als Bürger ticken politisch nämlich keineswegs so, dass wir immer nur Parteienstreit und -gezänk sehen, hören und lesen wollen.

IX. Plädoyer für Politische Bildung

Mehrfach wurde bereits die politische Bildungsarbeit angesprochen. Funktioniert diese, sind unsere Ticks im politischen Denken aus den bisherigen acht Kapiteln harmlos. Lange Zeit war Österreich jedoch bei der Frage »Wie lerne ich Demokratie?« ein Entwicklungsland. Dabei hätten wir die eine oder andere Antwort darauf dringend nötig. Nicht nur wegen der seit 1945 unzureichenden Vergangenheitsbewältigung.

Es ist eine Schwäche der Politischen Bildung, dass über viele Jahre dafür die Parteien zuständig waren. 1973 wurden das Renner-Institut der SPÖ, die Politische Akademie der ÖVP und die Freiheitliche Akademie errichtet. In den Achtzigerjahren kam die Grüne Bildungswerkstatt hinzu. Das BZÖ baute nach seinem Parlamentseinzug 2006 eine Parteiakademie auf. Über Jahrzehnte betrieben nur in zweiter Linie der Staat oder die Zivilgesellschaft politische Bildungsarbeit.

Zumindest drei der fünf genannten Akademien leisten ausgezeichnete Arbeit. Das Problem war der Mangel an parteiunabhängigen Initiativen. Entweder es gab sie nicht oder sie hatten kein Geld zur Verfügung und fielen nicht weiter auf. Fast instinktiv wurde deshalb bis vor Kurzem versucht, alle an der Bildungsarbeit über Politik beteiligten Menschen einer Partei zuzuordnen.

Lehrende und Lernende erlebten leidvoll das Farbenspiel, als rot, schwarz, blau oder grün abgestempelt zu werden. Es soll Journalisten gegeben haben, die geradezu die Krise bekamen, wenn sie einem Historiker oder Politikwissenschaftler kein SPÖ-, ÖVP-, FPÖ- und später Grüne-Etikett verpassen konnten. Vor lauter Angst, farblich klassifiziert zu werden, wurden viele Lehrende an Schulen und Universitäten zu apolitischen Lehrplanverwaltern.

Erst mit dem Aufkommen sozialer Bewegungen jenseits des parteipolitischen Lagerdenkens ergaben sich neue Optionen. Trotzdem agieren oft stets dieselben Vertreter der Politischen Bildung, die immer dasselbe für die Verbesserung der eigenen Lage fordern. Offenbar sind wir eine wenig erfolgreiche Inzest-Clique, die als privilegierte Minderheit vom staatsnahen System Politische Bildung gut leben kann. Echte Basisgruppen, die ungleich innovativer wären, haben keinen Cent zur Verfügung.

Die Parteiakademien erhalten übrigens fast zehn Millionen Euro jährlich, und das sei ihnen vergönnt. Daher ein Vorschlag zur Zufriedenheit aller: Das Geld für die Akademien soll von heute auf morgen verdoppelt werden. Parallel dazu verpflichtet sich jede Regierung, das Ministeriumsbudget für Politische Bildung um genau dieselbe Summe – ein Bruchteil der Werbekosten in eigener Sache – aufzustocken; d. h. unabhängige Initiativen sollen Jahr für Jahr exakt denselben Betrag erhalten.

Auch mit geringeren Finanzmitteln besteht Anlass zur Hoffnung. Die Lagermentalität ist zurückgegangen. Die Vorstellung, dass Politische Bildung die Summe der Arbeit von Parteien ist, hat in der Gesellschaft keine Deckung. Die Entscheidung, wie viel Politische Bildung stattfindet, ist eine öffentliche Aufgabe. Ohne Unterstützung des Staates sind Politikvermittler im Kampf um Ressourcen benachteiligt, weil sie Sponsoren keinen finanziellen Ertrag versprechen können.

Regierungsprogramme stehen freilich unter Verdacht, ein das Volk ruhig stellender Stabilisierungsfaktor zu sein. Zusätzlich vermutet die jeweilige Opposition bei den jeweils Regierenden den Missbrauch im Parteiinteresse. Stimmt das? Ein gesundes Misstrauen ist sicherlich berechtigt.

Rote Unterrichtsminister haben dennoch ungeachtet schwarzer Verschwörungstheorien ihre 25-jährige Amtszeit nicht genutzt, um linke Nachwuchsideologen heranzuziehen. Umgekehrt hat der Farbwechsel im Ministeramt vom liberalen Rudolf Scholten zum gleichfalls liberalen Erhard Busek keine reaktionäre Christianisierung eingeleitet. Das hat nicht einmal Elisabeth Gehrer geschafft, obwohl sie ungleich konservativer und Feindbild der Linken war.

Die Minister Claudia Schmied (SPÖ) und Johannes Hahn (ÖVP) haben 2007 ihre Chance erkannt und wollen das Lernen von Demokratie zum Regierungsschwerpunkt machen. Auch in den Reihen der Opposition scheint Politische Bildung außer Streit zu stehen. Damit wäre endlich der gegenseitige Verdacht ausgeräumt, irgendeine Seite wolle die politische Bildungsarbeit ideologisieren.

Das Problem der Politischen Bildung in Österreich ist Tatenlosigkeit und nicht ihre angebliche Parteilichkeit. Wenn Manipulationen so einfach wären, hätten Parteien kein derart schlechtes Image und es würde weniger Nichtwähler geben. Mehr Engagement ist daher besser als Ängste vor Konflikten, ob jemand rechts oder links ist. Mündige Bürger wissen das sowieso zu beurteilen.

Dass niemand offiziell ein Anti-Demokrat ist, wird als Alibi für Untätigkeit genommen. Kein Mensch deklariert sich heutzutage als Faschist. Drei Prozent »Restidioten« – ein vom Philosophen Rudolf Burger in einer ORF-Sendung geprägter Begriff – mit rechtsextremen Einstellungen sind um drei Prozentpunkte zu viel, jedoch kein unmittelbares Sicherheitsrisiko.

Drei Prozent sind zugleich 200.000 Staatsbürger mit dem Wunsch nach diktatorischen Hitler-Typen. Das klingt schon weniger harmlos. Zudem haben viel zu viele Österreicher von Politik und Demokratie keine Ahnung. Nicht aufgrund völliger Ignoranz oder gar aus grenzenloser Dummheit, sondern weil ihnen keine Chancen geboten wurden, mehr über demokratiepolitische Zusammenhänge zu erfahren.

Eine Bestandsaufnahme

Nicht erst seit Claudia Schmied haben Unterrichtsminister mit den Kuriositäten der Politischen Bildung im Schulwesen zu kämpfen. So gibt es dafür seit 1978 ein *Unterrichtsprinzip*. Für die Politische Bildung bedeutet das theoretisch eine Berücksichtigung in allen Schultypen, Fächern und Altersgruppen. Praktisch bestehen 13 weitere Prinzipien, deren Spektrum von der Sexual- bis zur Verkehrserziehung reicht.

Ein Mathematiklehrer, der zusätzlich zu seinem Lehrplan alle Unterrichtsprinzipien durchnimmt, ist eine Unmöglichkeit. Gäbe es diesen, müsste man ihn ausstopfen und im Museum einen Ehrenplatz einräumen. So einzigartig wäre er. Im Schulalltag droht Politische Bildung deshalb zur Beliebigkeitslehre zu werden, mit einer Aneinanderreihung zufälliger Inhalte. Findet sich ein engagierter Lehrer, ist es gut. Wenn nicht, passiert auch nichts.

Als selbstständiges *Unterrichtsfach* gibt es Politische Bildung an polytechnischen Schulen und Berufsschulen. Anderswo verkommt der Fachteil zum Anhängsel. An höheren Lehranstalten und Handelsakademien muss man sich die Unterrichtszeit mit Wirtschafts- und Rechtskunde teilen. Dasselbe gilt in der Oberstufe der Gymnasien für Geschichte, Sozialkunde und Politische Bildung als Pflichtgegenstand.

Ob der Bruchteil einer Wochenstunde zur Demokratievermittlung ausreicht? Bildungsministerin Gehrer hat 2002 für das 2001 an Gymnasien eingeführte Schulfach Politische Bildung eine Stundenkürzung vorgenommen. Brandneue Schulbücher und Lehrpläne – ein Jahr musste man ohne solche unterrichten – waren nach kürzester Zeit veraltet. In der 8. Klasse von Gymnasien gibt es beispielsweise eine mickrige Stunde für Politische Bildung. Geschichtliches und Soziales muss in denselben 60 Minuten unterrichtet werden.

In der Beamtensprache bezeichnete man das mit dem Wortungetüm Wochenstundenentlastungsverordnung. Dagegen ist Donaudampfschifffahrtsgesellschaftskapitän beinahe eine Abkürzung. Gleichzeitig wurden alle Bundesseminare zur Fortbildung der das Fach unterrichtenden Lehrer abgesagt.

Überhaupt war die Facheinführung ein Beispiel, wie sich Lieschen Müller Politik vorstellt. Es gab im Parlament ein Feilschen und Hauen, bei dem sich viele nicht durch Sachkompetenz stören ließen. Zuerst musste das Thema Politische Bildung aus einem Gesetzespaket mit den Verhaltensverordnungen an Schulen vulgo Rohrstaberl-Erlass gelöst werden. Diese waren ein ÖVP-Anliegen, von dem die SPÖ nichts wissen sollte.

Bei einer Abstimmung im Paket hätte es daher nicht die notwendige Zweidrittel-Mehrheit für Politische Bildung gegeben. Schließlich ging im Trubel der parlamentarischen Anträge und Gegenanträge die Jahreszahl verloren. Statt im übernächsten Schuljahr musste Politische Bildung daher ab sofort unterrichtet werden. Die Lehrer erfuhren Anfang Juli in den Medien davon. Oder zu Schulbeginn im September.

Die Lehrpläne müssen übrigens auf jeden Fall ein weiteres Mal reformiert werden, denn bisher ist Politische Bildung oft erst für die 18-Jährigen an der Reihe. Seit der Senkung des Wahlalters auf 16 Jahre würde man den Schülern im Nachhinein etwas erklären, das sie je nach Verlauf der Gesetzgebungsperiode bereits bis zu dreimal – auf Gemeinde-, Landes- und Bundesebene – gemacht haben.

In der Erwachsenenbildung werden über die Österreichische Gesellschaft für Politische Bildung (ÖGPB) Mittel des Bundes und der Länder für Projekte vergeben. Nicht einmal in allen Bundesländern und im Durchschnitt 1.000 Euro. Damit lassen sich keine großen Sprünge machen.

Eine Statistik der begehrtesten Fortbildungsthemen in Österreich wird von der EDV mit fast 40 Prozent angeführt. Gefolgt von den Sprachen, die 25 Prozent lernen wollen. Politische Bildung rangiert als Thema mit drei bis vier Prozent an 11. und letzter Stelle. Schlechter platziert als Musik und Malerei. Um Demokratie zu lernen, ist es jedoch nie zu spät. Hoffentlich nimmt sich auch die Politik zu Herzen, dass Politische Bildung einen starken Aufschwung nehmen muss.

Politische Bildung, was ist das?

Vermutlich wissen mehr Österreicher etwas mit dem Begriff EDV anzufangen, als sie irgendeinen Bezug zum Begriff Politische Bildung haben. Nach langer Denkpause kommt vielleicht der vage Verdacht, dies würde mit Staat und Verfassung zusammenhängen. Im schlimmsten Fall mit Politikern.

Kaum ein Begriff ist mehr der Gefahr der Verallgemeinerung ausgesetzt als die Politische Bildung. Alles ist Politik, fast alles hat mit Bildung zu tun. Also ist Politische Bildung das, was sich jeder darunter vorstellt. Das ist nicht einmal falsch. Zur Politik zählen alle Institutionen, Prozesse und Inhalte für die Regelung gesellschaftlichen Zusammenlebens. Bildung beinhaltet sämtliche Formen der Vermittlung von Wissen und Fähigkeiten.

Das Problem ist, dass Politische Bildung durch ihre Allgemeinheit gerne zur großen Unbekannten wird. Manchmal hat das praktische Gründe. Vor allem dann, wenn ein Landesschulrat, ein pädagogisches Institut oder eine Schuldirektion gefragt werden, ob und welche Fortbildungsveranstaltungen es gibt. Da machen Leermeldungen der politischen Bildungsarbeit keinen guten Eindruck. Also wird jeder Seminartitel, der irgendwie mit Politik oder Bildung zu tun hat, brav aufgelistet.

Das gegenteilige Extrem zur grenzenlosen Vielfalt ist eine Beschränkung der Politischen Bildung auf die pure Institutionenlehre. Wer die Baugesetze der österreichischen Bundesverfassung oder nur die Zahl der Nationalratsabgeordneten nach Parteien aufsagen kann, ist weder sonderlich politisch noch sehr gebildet. Sondern bestenfalls ein Fachidiot.

Legendär ist ein Oberstudienrat, der im Gespräch mit mir stolz darauf war, seine Schüler die Menschenrechte auswendig lernen zu lassen und abzuprüfen. Seit ich ihn spontan fragte, ob es ihm sonst noch gut gehe, mag er mich nicht besonders. Jedenfalls hat er eine raffinierte Methode gefunden, um sowohl Politikverdrossenheit zu fördern, als auch sich vor jedem Diskurs über Diskriminierung und Toleranz im schulischen Alltag zu drücken.

Institutionen zu lehren und zu lernen ist vor allem bequem. Eine scharfe Debatte bleibt aus. Rückfragen der Schüler bestehen darin, ob es beispielsweise 36, 56 oder 100 Landtagsabgeordnete gibt. Je nach Bundesland wird das bejaht oder verneint. Damit ist das Nachdenken über den Inhalt vorbei. Wo kämen wir hin, wenn es unterschiedliche Meinungen gäbe?

Dazu passt das Wehgeschrei über eine Indoktrination der Schüler. Doch die Zahl der Schulmeister, die mit Schaum vor dem Mund politische Parolen brüllen, ist in Wahrheit gering. Im Normalfall werden weder Tonnen von Propagandamaterial in den Klassen verteilt noch ist Gehirnwäsche eine anerkannte Form der Pädagogik.

Ist ein Lehrer zu subjektiv, genügt es meistens, seine Parteimitgliedschaft und politische Funktion transparent zu machen. Schüler und Eltern machen sich da durchaus ihr Bild. Viel öfter ist Scheinobjektivität eine willkommene Ausrede, um aus guten Projektideen stinklangweilige Vorträge zu machen. Wer sich auf Geschichtsdaten und das Verlesen der Verfassung beschränkt, muss keine Diskussion befürchten. Auf geht's zur nächsten Litanei!

Was jedoch in der Gesellschaft umstritten ist, muss von der Politischen Bildung als strittig dargestellt werden. Wenn eine Koalition polarisiert, ist das ein Streitthema, anhand dessen man viel über Parlament und Regierung erfährt. Bei einer Chancen(un)gleichheit von Frauen und Männern, der Integration von Ausländern oder den Nachwehen des Nationalsozialismus gehen sowieso die Wogen hoch.

Politische Bildung bedeutet daher auch die Anregung von geistigen und sozialen Fähigkeiten, um das gelernte Wissen im menschlichen Zusammenleben anwenden zu können. Eine Schularbeit über die »Allgemeine Erklärung der Menschenrechte« zu bestehen, ist ungenügend, wenn diese nicht gelebt wird. Unter anderem gegenüber jemandem mit anderer Muttersprache, anderer Hautfarbe oder anderer Religion.

Zur Klarstellung: Soziale Kompetenz kann nur im Zusammenwirken mit dem gelernten Faktenwissen wirksam werden. »Sind wir alle lieb zueinander!« ist ein ehrenwerter Grundsatz. Seine Umsetzung benötigt unbedingt Kenntnisse, was Menschenrechte überhaupt sind und wo man sie einklagen kann.

Soziales Lernen sollte uns dazu bringen, politische Verantwortung zu übernehmen, eine politische Urteilsfähigkeit zu entwickeln und eigenständig unter politischen Optionen auszuwählen. Im Streitfall sind friedliche Lösungen des Widerspruchs anzustreben. Ein Funktionieren demokratischer Beteiligung ist von der Kooperations- und Koalitionsbereitschaft abhängig.

Das Beharren auf Entweder-oder-Standpunkten führt zur Entscheidungsunfähigkeit. Oder es gibt autoritäre Mehrheitsentscheidungen ohne Berücksichtigung von Minderheitsrechten. Im großen Parlament und in jeder kleinen Schule.

Wer lehrt Politische Bildung?

Um als Lehrer mit Konfliktthemen umgehen zu können und Kompromissbereitschaft zu fördern, brauche ich eine umfassende Aus- und Fortbildung. Von den politischen Bildnern hat diese aus formaler Sicht absolut niemand. Studierende der Politikwissenschaft und Geschichte gemeinsam haben im Jahr 2007 in vier Jahren bestenfalls zwei bis vier Wochenstunden Dinge über Politikvermittlung erfahren.

Für Politische Bildung gibt es keine universitäre Ausbildung, d. h. kein reguläres Studium, das systematisch für ein Lehramt vorbereitet. Es stellt sich die Frage, mit welcher Qualifikation überhaupt Politik an Schüler und in der Erwachsenenbildung vermittelt werden darf. Das Motto lautet offenbar, dass ein Lehrer sich hoffentlich als Autodidakt sein Wissen zusammenreimt.

In der Fortbildung ist es nicht besser. Politische Bildung soll, wie erwähnt, als Prinzip in allen Schulen und Klassen gelten. Demzufolge hätten sich 120.000 Lehrer in Österreich darum zu kümmern. Zugleich gibt es null Regelstudien und gerade einmal zwei Universitätslehrgänge für Politische Bildung. Mit 20 oder 30 Absolventen im Jahr. Somit haben weniger als ein Prozent der für Politische Bildung Verantwortlichen eine systematische und akademische Ausbildung.

Stellen Sie sich vor, Ihr Kind wird von Englisch- und Mathematiklehrern unterrichtet, die ihr Fach nie im Leben studiert haben, sondern ihr anglistisches Wissen stattdessen aus einem sommerlichen Sprachkurs in Brighton beziehen. Mathematische Hobbypädagogen müssten lediglich einen Beruf ausüben, der entfernt mit Zahlen und Rechnen zu tun hat. Kellner oder so.

Schrecklich. Deutschlehrer ohne Deutschstudium würden spätestens seit PISA genauso Proteststürme auslösen. Im Bereich Politische Bildung scheint das nicht zu stören. An Handelsakademien und -schulen etwa lehren Absolventen der Wirtschaftsuniversität und auch Richter Politische Bildung und Recht. Dass das Lehrpersonal selbst oft kein einziges Seminar des ersten Fachteils besucht hat, ist egal.

Ja, viele sind engagiert und nutzen Fortbildungschancen. Das ist seitens der Betroffenen lobenswert und für alle bisherigen Regierungen ein Armutszeugnis. Historiker, Juristen oder Diplomkaufleute verfügen bestenfalls über eine freiwillige Zusatzausbildung. Politikwissenschaftler dürfen das Fach bisher gar nicht unterrichten.

Neben dem Unterrichtsministerium, das für die pädagogischen Hochschulen verantwortlich zeichnet, ist der Wissenschaftsminister gefordert. Er ist freilich auf die Mithilfe der autonomen Universitäten angewiesen. Manchmal scheitern Regierung und eine zum Teil durchaus motivierte Lehrerbasis an den Verteidigern von Schrebergärten im mittleren Schulmanagement und an verkrusteten Strukturen der universitären Lehre.

Demokratie zu lernen ist schön. Dabei größtmögliche Freiheit zu gewähren ist noch schöner. Am schönsten wäre es, wenn für Politische Bildung neben offenen Netzwerken neue Strukturen der Aus- und Fortbildung geschaffen werden.

Politische Bildung als Mittelweg

Mein Salzburger Kollege Herbert Dachs hat vor vielen Jahren erstmals von Politischer Bildung als Mittelweg gesprochen. Dieses Konzept reicht zurück bis auf Überlegungen in den Siebzigerjahren. Bezeichnenderweise in Deutschland und nicht bei uns.

Politische Bildung versteht sich zunächst als Mittelweg zwischen Anti-Institutionalismus und blinder Institutionengläubigkeit. In modernen Demokratien haben Politikvermittler nicht die Aufgabe, ein politisches System umzustürzen. Revolutionäres Missionsbewusstsein ist unangebracht. Man darf jedoch auch nicht als Machtbewahrer für das Bestehende verkommen. Ansonsten würden politische Bildner institutionelle Veränderungen durch die Förderung eines blinden Autoritätsglaubens verhindern helfen.

In Österreich ist dieser Punkt vor dem Hintergrund des Selbstverständnisses als Konsensdemokratie besonders wichtig. Die Tradition des Beamtenstaates und eine Untertanenmentalität prägen unsere politische Kultur. Man darf aber bei aller Neutralität die Abschaffung des Proporzsystems in allen Landesregierungen, niedrigere Mindestprozentklauseln im Wahlrecht oder mehr Recht für Kleinparteien fordern. Die Kunst ist es, auch Gegenargumente anzuerkennen.

Einen Mittelweg verlangt weiters das skizzierte Verhältnis von Subjektivität und Objektivität. Natürlich darf in der politischen Bildungsarbeit niemand manipuliert werden. Jeder Lehrer, der rechts- oder linksextrem aus dem Rahmen kippt, ist einer zu viel. Doch sind klare Standpunkte keineswegs abzulehnen. Adressaten der Politischen Bildung sollen schließlich lernen, eine politische Situation und ihre eigene Interessenlage zu analysieren.

Nachher müssen sie nach Mitteln und Wegen suchen, die vorgefundene politische Lage im Sinne ihrer Interessen zu beeinflussen. Das ist Demokratie. Den Gegensatz dazu bildet eine (Schein-)Objektivität, die für das Bildungssystem totalitärer Staaten charakteristisch ist. Eine offene Positionierung der Lehrenden darf nicht verhindert werden. Sie ist besser als versteckte Parteilichkeit.

Als in Österreich die Regierungsbildung 1999/2000 infolge einer Beteiligung der FPÖ unter Jörg Haider als ÖVP-Koalitionspartner zu einer gesellschaftlichen Polarisierung führte, stieg das Politikbewusstsein. Für die Politische Bildung bedeutet so etwas eine Chance und nicht den Untergang. Dasselbe gilt sinngemäß für Empörungen, wer in den Koalitionsverhandlungen von SPÖ und ÖVP 2006/07 zu viele Wahlversprechen gebrochen hat.

Politikvermittlung als Marketing

Die Politische Bildung hat aber größere Sorgen als Versprechungen im Wahlkampf mit vorprogrammiertem Folgefrust, wenn diese gebrochen werden. Die wahren Probleme sind in gesellschaftlichen Veränderungen begründet. Eine gelungene Politikvermittlung lässt sich nicht ausschließlich durch ein neues Unterrichtsfach, besser gebildete Bildner und mehr Geld erreichen. Traditionelle Vermittlungsformen der politischen Bildungsarbeit sind nämlich fast ein Anachronismus.

Wer interessiert sich heutzutage für Schulunterricht und Vortragstätigkeiten? Eben. Schon gar nicht, wenn es um Politik geht. Politische

Sachbücher werden höchstens von jenen gelesen, die man dazu zwingen kann. Schüler also. Klassische politische Bindungen lösen sich auf. An ihre Stelle treten als Bezugspunkte Medien und Konsum.

Familienverbände, Jugendorganisationen und Vereine sowie Parteien und letztlich Bildungsinstitutionen verlieren als Agenten der Politischen Bildung an Bedeutung. In einer Studie über Jugend und Politik meinte 2007 ein mickriges Prozent, durch Jugendorganisationen Informationen über Politik zu erhalten. Führend als Quellen sind Fernsehen und Internet.

Die Mediatisierung führte zu einer Entideologisierung der Politischen Bildung. Politische Ideologien treten als Handlungsanleitung in den Hintergrund. Dadurch ergeben sich einerseits Chancen, Politische Bildung zu etablieren; die angesprochene Unterstellung der laufenden Indoktrination und das Etikettieren der Lehrenden mit Parteifarben werden schwieriger. Andererseits prägen Lifestyle-Konzepte als Identifikationsmerkmale unsere Politik. Politische Bildung muss »hip« oder »hop« sein. Folgt unsere politische Bildungsarbeit dem Vorbild der Medien, bedeutet das eine an Unterhaltung orientierte Gestaltung der Inhalte im Bildschirmformat. Kann, soll und darf Politische Bildung komplexe Inhalte auf hippe Events und hoppe Computerspiele reduzieren?

Politische Bildung war nie frei von Werbezwängen für ihre Inhalte. Doch früher ging es darum, die Bürger von der Wichtig- und Richtigkeit der Programme und Themen zu überzeugen. Gelang das, war das Zielpublikum gefunden und eine sinnvolle Politikvermittlung gegeben.

Im hypermodernen Medienzeitalter wird Politische Bildung zum professionellen Marketing. Bereits in der Bevölkerung vorherrschende Bedürfnisse, Erwartungen und Stimmungen sind aufzuspüren und zu bedienen. Ob es inhaltlich Sinn macht oder nicht. Vielleicht müssen folgerichtig Kommunikationsexperten, Marketing- und Werbespezialisten, professionelle Strategen und Meinungsforscher usw. an die Stelle traditioneller Bildungsfunktionäre treten.

Für amateurhafte Bildner mit sowohl sympathischen als auch realitätsfernen Gesellschaftsidealen besteht in der Marketingwelt für Politische Bildung immer weniger Funktion und Nachfrage. Die Vorstellung, dass beispielsweise Österreich zur Zeit des Nationalsozialismus im Stil von Videoclips und nach den Erwartungshaltungen der Mehrheit abgehandelt wird, ist nichtsdestoweniger grauslich.

Zur Geschichte unseres Landes haben von allen Bundespräsidenten abwärts alle relevanten Politiker gesagt, was zu sagen ist. Letztlich sogar aus allen Parteien. Manche mit Zeitzündung und nicht annähernd deutlich genug. Zugleich haben die üblichen Verdächtigen am rechten Rand und jenseits davon altbekannte Dummheiten von sich gegeben.

Was lernen wir und die politische Jugend daraus? Nichts. Eine oberflächliche Vergangenheitsbewältigung im Marketing-Stil fand zuletzt im Jubiläumsjahr für Kriegsende und Staatsvertrag 2005 statt. Sie ist abzüglich der aussterbenden Zeitzeugen für jedes rechnerisch mögliche Folgejubiläum wiederholbar. Die Nachhaltigkeit bleibt gering.

Trotz allen Marketings besteht eine bedenkliche Politiker- und Parteienverdrossenheit von Jugendlichen. Mehr als ein Drittel der 14- bis 18-Jährigen konnte 2005 vom damaligen Bundeskanzler Wolfgang Schüssel keine schlechte Meinung haben. Denn er war diesem Drittel nach den Daten einer OGM-Jugendstudie unbekannt.

Die gute Nachricht für Schüssel, die schlechte für die Demokratie: Alle anderen Politiker der Gegenwart hatten einen noch geringeren Bekanntheitsgrad. Karl Renner, Leopold Figl oder Julius Raab waren nur einem von zehn Jugendlichen namentlich ein Begriff. Umgekehrt wünschte sich jeder Zehnte einen starken Mann. Manchmal tut das jeder Fünfte wenigstens ein bisschen. Vergangenheitsbewältigung im Land des geborenen Österreichers Adolf Hitler sollte anders aussehen.

Ein hoffnungsvoller Blick in die Zukunft: Was junge Menschen wollen

Seltsamerweise wissen die superschlauen Marketingexperten verdammt wenig über das, was sich junge Menschen von Politischer Bildung wirklich erwarten. Deren Ärger über Politiker und Parteien führt zu üblen Vorurteilen. Jeder unter 18-Jährige sei für Politik quasi zu unreif oder zu blöde. Das ist nicht einmal eine Halbwahrheit.

Oder es dominieren Wunschbilder der politisch engagierten Jugend. Sie wäre demnach so, wie ältere Herren es sich erträumen. Womöglich weil man selbst im Jahr 1968 kein quer denkender Student auf den Straßenbarrikaden, sondern ein angepasster Politikbanause im elterlichen Wohnzimmer war. Von Engagement keine Spur.

Interessanterweise gab es lange Zeit kaum Forschungen über die Einstellungen und Erwartungen von Jugendlichen zur Politischen Bildung. Daten aus allgemeinen Jugendstudien und Politik- bzw. Wahlumfragen mussten behelfsmäßig herhalten. Der Unsicherheitsfaktor war entsprechend. Ich selbst habe erst 2005 für Zeitungen und 2007 für das Unterrichts- sowie das Wissenschaftsministerium 14- bis 24-Jährige befragt. In einer Pilotstudie, doch immerhin.

Die Wahrheit liegt nach den *focus groups* und Umfragen in der Mitte. Euphorie über das Politikinteresse der Jugendlichen ist unangebracht. Schreckensszenarien sind jedoch gleichfalls lächerlich. Vor allem unterscheiden sich junge Menschen mit ihren halbherzigen Bezügen zur Politik kaum von den Erwachsenen. Der entscheidende Unterschied ist ihre Bereitschaft, noch etwas zu lernen.

Unter den 14- bis 24-Jährigen ist eine klare Mehrheit von mehr als zwei Drittel bzw. 69 Prozent mit der Demokratie sehr oder etwas zufrieden. Es gibt kaum völlig unzufriedene Jugendliche, die sich als grundsätzliche Demokratiegegner erweisen. Relativierend und mahnend ist dennoch ein bedenklicher Anteil von latent Unzufriedenen anzumerken. Fast ein Viertel der Jugendlichen ist mit der Demokratie nicht besonders zufrieden. Genau ein Fünftel der Jugendlichen (20 Prozent) bezeichnet sich als politisch sehr interessiert. Zumindest etwas politisches Interesse geben weit mehr als drei Fünftel (in Summe 68 Prozent) an. Mit dem politischen Interesse – und nicht unbedingt mit einer höheren Wahlabsicht – steigt eindeutig die Demokratiezufriedenheit.

Es geht demnach darum, durch Politische Bildung gezielt das Interesse zu fördern. Vor allem bei Lehrlingen, die diesbezüglich abfallen. Will zum Beispiel bis zu jeder fünfte Jugendliche einen starken

Mann in der Politik, so gilt auch: Je geringer das politische Interesse und die Wahlabsicht, desto stärker die Neigung zu autoritären Führungspersönlichkeiten.

Die Chancen für das Lernen und Lehren von Demokratie stehen gut. Jugendliche sind eindeutig für mehr Politische Bildung. Eine Zweidrittel-Mehrheit der Jugendlichen meint, dass in diesem Bereich zu wenig getan wird. Nur eine verschwindende Minderheit von vier Prozent sieht zu viel politische Bildungsarbeit. Fast drei Viertel befürworten ausdrücklich ein eigenes Unterrichtsfach Politische Bildung, das nicht in Kombination mit anderen Fächern stattfindet.

Überraschend sind dabei die Themenwünsche der Jugendlichen. Sie wollen in der Politischen Bildung vor allem mehr über Chancengleichheit und Integration erfahren. Klare Spitzenreiter als häufiger zu behandelnde Wunschthemen sind die Gleichbehandlung von Männern und Frauen sowie der Umgang mit Ausländern. Was nichts über Fremdenfreundlichkeit oder -feindlichkeit aussagt. Doch werden das Thema und eine Diskussion darüber wenigstens nicht verweigert.

Globalisierung, Zeitgeschichte und Wahlen sowie politische Beteiligung stoßen auf mittelmäßigen Zuspruch. Schlusslichter – d. h. von den Jugendlichen als nicht verstärkt aufzugreifende Themen eingestuft – sind nicht nur EU-ropa, sondern auch aktuelle politische Ereignisse. Hier wird für rund drei Viertel der Jugendlichen genug oder sogar zu viel getan.

Am allerschlechtesten schneiden Politiker und Parteien ab. Rund zwei Drittel beklagen, dass diese sich nicht um die Meinungen junger Menschen kümmern würden. Typische Äußerungen sind »Politik ist das Geschwätz von alten Leuten« und »Politiker haben keine Ahnung, was die Leute eigentlich brauchen«. Die Häufigkeit solcher Aussagen ist vom Ausmaß des politischen Interesses nahezu unabhängig.

Knapp 60 Prozent der Jugendlichen meinen, es wäre wichtig, sich politisch zu beteiligen, und sind bereit dazu. Im Gegensatz zur grundsätzlich hohen Beteiligungsbereitschaft wird »Wählen mit 16« von einer Mehrheit der Jugendlichen noch abgelehnt. Lediglich etwa 40 Prozent der 14- bis 24-Jährigen sprechen sich sehr oder eher dafür aus.

Die Zustimmung unter den unmittelbar betroffenen 14- bis 17-Jährigen ist mit 50 Prozent höher. Offenbar meint jemand, der gerade 18 Jahre alt wurde, dass seine bisherigen Alterskollegen zu kindisch wären. Man selbst ist soeben erwachsen. Bis zu ein Drittel meint übrigens, für den Fall einer Möglichkeit der Stimmabgabe via Internet mit höherer Wahrscheinlichkeit zur Wahl zu gehen.

Das Klischee einer jungen Generation, die generell politisch verdrossen oder unwissend ist, stimmt so nicht. Zusammenfassend gilt, dass Jugendliche erstens mehr Politische Bildung wollen. In der Schule und überhaupt. Zweitens sind Jugendliche vielfältigen Themen der Politik aufgeschlossen. Anti-Diskriminierung inklusive. Drittens wollen Jugendliche in der Schule und an den Universitäten Politische Bildung lernen. Diese sind als neutraler Ort für Politikvermittlung anerkannt. Das macht Hoffnung, oder? Mir jedenfalls schon.

ISBN 978-3-8000-7298-9